W0198989

Check 32

Fachkunde für Zahnmedizinische Fachangestellte

Arbeitsheft

Dr. Cornelia Wypych

Werner Brüning

Dr. Jörg Hendriks

Dr. Holger Ohm

winklers®

Zur Reihe „Check 32" gehören folgende Titel:

Fachkunde für Zahnmedizinische Fachangestellte
ISBN 978-3-8045-5772-7

Wirtschaftslehre für Zahnmedizinische Fachangestellte
ISBN 978-3-8045-5770-3

Abrechnungswesen für zahnmedizinische Fachangestellte
ISBN 978-3-8045-5774-1

Arbeitsheft mit Abrechnungsfällen
ISBN 978-3-8045-5775-8

Dieses Werk und einzelne Teile daraus sind urheberrechtlich geschützt. Jede Nutzung – außer in den gesetzlich zugelassenen Fällen – ist nur mit vorheriger schriftlicher Einwilligung des Verlages zulässig. Hinweis zu § 52a UrhG: Weder das Werk noch seine Teile dürfen ohne eine solche Einwilligung gescannt und in ein Netzwerk gestellt werden. Dies gilt auch für Intranets von Schulen und sonstigen Bildungseinrichtungen.

1. Auflage, 2007

© Bildungshaus Schulbuchverlage
Westermann Schroedel Diesterweg Schöningh Winklers GmbH
www.winklers.de
Redaktion: Susanne Stucki
Verlagsherstellung: Harald Kalkan
Satz: Fehmer, Grafik & Layout, Cremlingen
Druck: westermann druck GmbH, Braunschweig

ISBN: 978-3-8045-**5777**-2

Vorwort

Praxisorientierte Aufgaben und Aufträge sind für das handlungsorientierte Lernen ein wichtiges Element. Ergänzend zum Lehrbuch als Informationsquelle gibt das vorliegende Arbeitsheft die Möglichkeit, den Lernerfolg erfahrbar zu machen.

Grundlage für dieses Heft ist das Fachkundebuch der Reihe „Check 32", das die Lerninhalte des Bereiches „Behandlungsassistenz" abdeckt.

Nicht alle Aufgaben lassen sich mithilfe des Lehrbuches lösen. Die Aufgaben in diesem Heft entsprechen in ihrem Schwierigkeitsgrad dem aktuellen Standard von Prüfungsfragen, sodass sich das Heft neben dem Unterricht auch gut für die Prüfungsvorbereitung nutzen lässt.
Wir wünschen allen Nutzern Erfolg in der Ausbildung und freuen uns über Rückmeldungen.

Die Autoren

Benutzerhinweise

Oftmals ist es ein Problem, dass sich die Lernfeldstruktur nicht optimal mit den in der Praxis vorkommenden Handlungsabläufen deckt. Deshalb strukturiert sich das Arbeitsheft in zwei Ebenen. Sofort zu erkennen ist die bekannte Lernfeldstrukturals erste Ebene: Alle Inhalte des Bereiches Behandlungsassistenz werden berücksichtigt, dazu der Bereich Patientenkommunikation in Lernfeld 2. In der zweiten Ebene gibt dieses Heft die Möglichkeit, einen Behandlungsfall über verschiedene Lernfelder hinweg zu bearbeiten, was den realen Handlungsabläufen sowie den Prüfungsaufgaben besser entspricht und damit zusätzlichen Anreiz zum Lernen bietet.
Beim Bearbeiten des Heftes sollten Sie sich in die aus dem Fachbuch bekannte Praxis von Frau Dr. Heilmann versetzen, als deren Zahnmedizinische Fachangestellte Sie angesprochen werden. Zu Beginn jeder Handlungssituation gibt eine Karteikarte Auskunft über den Patienten, seinen Namen sowie die aktuelle Ausgangslage seiner Beschwerden. Außerdem gibt es eine kleine Übersicht, in welchen Lernfeldern man dem Patienten noch begegnet.
Innerhalb oder im Anschluss an eine Handlungssituation findet sich ein Hinweis darauf, in welchem Lernfeld der Behandlungsablauf fortgesetzt wird.
Zum Beispiel wird bei dem Patienten Dennis Petermann in Lernfeld 2 der Befund aufgenommen. Um weiter behandeln zu können, ist eine Röntgendiagnostik erforderlich.

↵ Dennis Petermann, LF 10b, S. 129

Hier kann man entscheiden, ob man der Lernfeldstruktur folgt, oder den Patienten bei seiner kompletten Behandlung weiter begleitet.

So verteilen sich die Behandlungsfälle über die Lernfelder:

Peter König	2 → 4 → 10b → 3 → 8 → 7 → 8 → 12
Jessica Schröder	2 → 10b → 2 → 8 → 10a
Tina Petermann	2 → 4 → 11
Nele Petermann	2 → 11
Dennis Petermann	2 → 10b → 2 → 11 (IP) → 11 (KFO)
Birgit Petermann	2 → 10a
Thorben Kammer	2 → 5 → 10b → 5 → 3 → 4
Susanne Meier	2 → 10b → 5 → 8 → 7 → 8 → 3 → 12
Sophie Krüger	2 → 10b → 8 → 3
Helmut Lange	2 → 7 → 5 → 8 → 5 → 10a → 10b → 10a → 12 → 3
Erika Lange	2 → 7 → 10a → 12

Lernfeld 2

Patienten empfangen und begleiten

Lernfeld 3

Praxishygiene organisieren

Lernfeld 4

Kariestherapie begleiten

Lernfeld 5

Endodontische Behandlungen begleiten

Lernfeld 7

Zwischenfällen vorbeugen und in Notfallsituationen Hilfe leisten

Lernfeld 8

Chirurgische Behandlungen begleiten

Lernfeld 10a

Behandlungen von Erkrankungen der Mundhöhle und des Zahnhalteapparats begleiten

Lernfeld 10b

Röntgen- und Strahlenschutzmaßnahmen vorbereiten

Lernfeld 11

Prophylaxemaßnahmen planen und begleiten

Lernfeld 12

Prothetische Behandlungen begleiten

Lernfeld 2: Patienten empfangen und begleiten

Situation 1 Wartezeitmanagement, Befundaufnahme, FDI-Zahnschema, Zahnmerkmale

Peter König, 55 Jahre

Sie sind gerade allein an der Rezeption. Ein Patient betritt eilig die Praxis und spricht Sie an: „Hallo, ich habe jetzt gleich einen Termin, ich hoffe, ich komme pünktlich dran – beim letzten Mal musste ich so lange warten!" Sie erkennen den Mann nicht sofort. „Ich gehe dann einfach schon mal ins Wartezimmer!" sagt er und wendet sich ab...

1. Welche Punkte müssen Sie beachten, bevor Sie den Patienten in die Wartezone entlassen können?

   – den Patienten höflich ansprechen

2. Wartezeiten sind nicht völlig vermeidbar, das Wartenmüssen wird aber oft als belastend empfunden. Durch welche Maßnahmen kann man die Wartezeit erträglich machen? Diese fasst man auch unter dem Begriff „Wartezeitmanagement" zusammen.

3. Was unterscheidet den professionellen Umgang mit Patienten (= „Leidenden“) von Freizeitkontakten mit anderen Menschen?

Sie haben inzwischen herausgefunden, dass es sich bei dem herein gekommenen Mann um Herrn Peter König (GKV-versichert, 55 Jahre alt) handelt, der einen Termin vereinbart hatte, um seine Zähne nachsehen zu lassen. Er ist schon längere Zeit Patient in der Praxis von Frau Dr. Heilmann. Nachdem die üblichen Formalitäten erledigt worden sind, begleiten Sie ihn in ein Behandlungszimmer.

4. In welchen Unterlagen finden Sie wichtige Informationen zum Patienten?

HAUPTVERSICHERTER	FAMILIENANGEHÖRIGER
Name *Peter*	Name
Vorname *König*	Vorname
Geb.-Datum *23. Okt. 19xx*	Geb.-Datum
Wohnort *35625 Hüttenberg*	Wohnort
Straße *Testweg 1*	Straße
Telefon privat *06403 7454808*	Telefonisch erreichbar:
Telefon beruflich	Beruf
Beruf *Versicherungskaufm.*	Krankenkasse
Arbeitgeber *selbstst.*	Hausarzt
Krankenkasse *BEK*	

Sehr geehrte Patientin, sehr geehrter Patient,
viele Krankheiten können Auswirkungen auf die zahnärztliche Behandlung haben. Bitte füllen Sie deshalb diesen Fragebogen sorgfältig aus. Die Angaben unterliegen der ärztlichen Schweigepflicht und dienen ausschließlich dazu, Ihren Gesundheitszustand bei der Behandlung zu berücksichtigen. Sollten Sie Schwierigkeiten mit der Beantwortung einzelner Fragen haben, helfen wir Ihnen gern.

Bitte ankreuzen	ja	nein
1. Leiden Sie an Zahnfleischbluten?	○	⊗
2. Haben Sie zu hohen Blutdruck?	⊗	○
3. Haben Sie zu niedrigen Blutdruck?	○	○
4. Haben oder hatten Sie eine Erkrankung des Herzens?	⊗	○
– Angeborene oder erworbene Herzfehler	○	⊗
5. Haben oder hatten Sie eine der nachstehend aufgeführten Erkrankungen?		
– Zuckerkrankheit	⊗	○
– Erkrankung des Blutes (z. B. langes Nachbluten, Blutgerinnungsstörungen	○	⊗
– Allergien (z. B. Heuschnupfen)	⊗	○
– Schilddrüsenerkrankung	○	⊗
– Asthma/Lungenerkrankung	⊗	○
– Nervenerkrankung		
– Lebererkrankung/Gelbsucht		
– Rheuma/rheumatisches Fieb		
– Nierenerkrankung		
– Anfallsleiden (z. B. Epilepsie)		
– Magen-Darmerkrankung		
– Immunschwäche (AIDS)		
– Herzklappenfehler/Herklappe		
– Endokartitis (Herzinnenhauten		
– Herzoperationen	⊗	○
– Sonstiges:	○	○

	ja	nein
– Haben Sie einen Herzschrittmacher?	○	⊗
– Haben Sie einen Herzpass?	⊗	○
ausgestellt von: ./.		
6. Nehmen Sie Medikamente ein, die die Blutgerinnung hemmen (z. B. Marcumar oder Aspirin)?	⊗	○
7. Vertragen Sie bestimmte Medikamente nicht?	○	⊗
Falls ja, welche: *Penicillin*		
8. Bestehen z. Zt. sonstige Erkrankungen?	○	○
Wenn ja, welche: ./.		
9. Welche Medikamente nehmen Sie zurzeit ein?		
blutzuckersenkende Tabl.		
blutdrucksenkende Mittel		

11. Juni 2003 *Peter König*
Datum Unterschrift

Bitte beachten: Örtliche Betäubung hat zur Folge, dass Sie 1 Std. nicht und 24 Std. nur eingeschränkt fahrtüchtig sind. Bitte berücksichtigen Sie dies bei Ihren Behandlungsterminen.

5. Bevor Herr König untersucht werden kann, müssen Sie einiges vorbereiten.
Welche Instrumente gehören zum Grundbesteck?

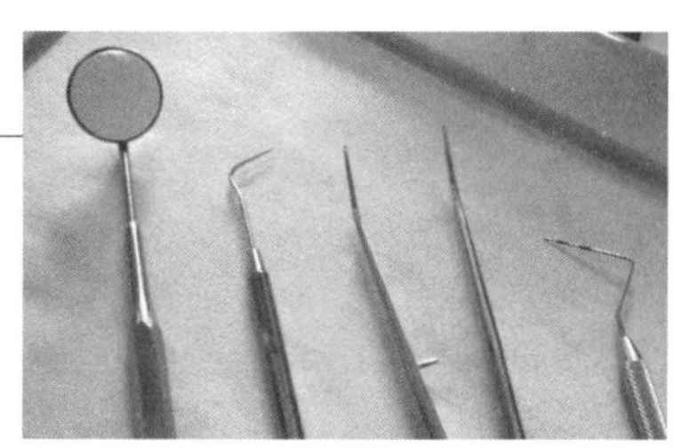

6. Welches Instrument liegt außerdem bereit?

7. Frau Dr. Heilmann nimmt folgenden Befund auf:

18 fehlt, 17 Füllung okklusal, 16 zerstört, 15 bis 25 ohne Befund, 26 Füllung mod mit Randspalt, 27 Füllung modp, 28 fehlt, 38 i.D., 37 Krone, 36 Brückenglied, 35 Krone, 34 bis 43 ohne Befund, 44 distal kariös, 45 Krone, 46 Füllung mod, 47 kariös, 48 fehlt
Dokumentieren Sie diesen Befund mit drei verschiedenen Buchstaben im Zahnschema.

			V	VI	III	II	I	I	II	III	IV	V			
8	7	6	5	4	3	2	1	1	2	3	4	5	6	7	8
8	7	6	5	4	3	2	1	1	2	3	4	5	6	7	8
			V	VI	III	II	I	I	II	III	IV	V			

8. Frau Dr. Heilmann diktiert den Befund mit Abkürzungen nach dem FDI-Schema für die Zähne. Wie nennt man das FDI-Schema noch?

____

9. Was bedeutet die Abkürzung FDI?

____

10. Ergänzen Sie den Lückentext zum FDI-Schema.

Es handelt sich um ein reines ______________ Schema ohne zusätzliche ______________ und Symbole. Die Quadranten werden durchgezählt. Dabei beginnt man ______________ .

Für das bleibende Gebiss stehen die Quadrantennummern ______ – ______.

Für das Milchgebiss benutzt man die Quadrantennummern ______ – ______. Die Zähne werden ebenfalls durchgezählt. Dabei beginnt man in der ______________.

Die Bezeichnungen werden nicht als ______________, sondern als ______________ ausgesprochen, z. B. nicht 27, sondern 2 – 7 für den linken oberen zweiten ______________.

11. Welche Aussagen über die Vor- und Nachteile des FDI-Systems treffen nicht zu? Kreuzen Sie an.

- ☐ problemlose internationale Verständigung
- ☐ Zahnverwechslungen sind ausgeschlossen
- ☐ auf jedem Computer leicht schreibbar
- ☐ schwierig zu erlernen und zu handhaben

12. Ergänzen Sie die Tabelle.

FDI-Bezeichnung	Zahn
	linker unterer erster Milchmolar
16	
24	
	rechter oberer Milcheckzahn
	linker unterer zweiter Primolar
66	
	rechter unterer zweiter Molar
81	
42	

↵ Peter König, LF 4, S. 49

Situation 2 Umgang mit Schmerzpatienten, Mundhöhle, Zahntypen

Jessica Schröder, 17 Jahre

Frau Schröder kommt ohne Termin in die Praxis. Nachdem Sie gefragt haben, aus welchem Grund sie hier ist, klagt sie über starke Schmerzen ganz hinten im linken Unterkiefer. Außerdem könne sie den Mund nicht mehr so weit öffnen wie sonst. Zusätzlich gibt sie Schmerzen unter der Zunge an.

1. Sie wissen, dass zurzeit noch alle Zimmer besetzt sind. Welche der folgenden Maßnahmen sind beim Umgang mit Schmerzpatienten richtig? Nummerieren Sie die richtigen Antworten in einer sinnvollen Reihenfolge.

ralsch	richtig	Maßnahme	Reihenfolge
		wirksame Schmerztablette zur Überbrückung der Wartezeit anbieten	
		Schmerzpatienten grundsätzlich am Ende der Sprechzeit wieder kommen lassen (dürfen die Terminplanung nicht durcheinander bringen)	
		Stärke der Schmerzen erfragen, um Dringlichkeit abzuschätzen	
		Anteilnahme zeigen	
		sofortige Behandlung zusagen und im nächsten freien Behandlungszimmer einsetzen	
		bei starken Schmerzen/hoher Dringlichkeit Arzt vorinformieren und Patienten im nächsten freien Behandlungszimmer einsetzen; übrige wartende Patienten um Verständnis bitten	

Die Untersuchung von Frau Schröder ergibt, dass das Zahnfleisch über dem Zahn stark geschwollen und sehr schmerzhaft ist. Deshalb soll eine Röntgenaufnahme angefertigt werden.

↲ Jessica Schröder, LF 10b, S. 136

2. Frau Dr. Heilmann führt zunächst eine Inspektion der Mundhöhle durch.
Beschriften Sie die Mundhöhle mit lateinischen und griechischen Fachbegriffen. Zusätzlich können Sie zur Verdeutlichung die Strukturen mit den in der Tabelle vorgegebenen Farben einzeichnen.

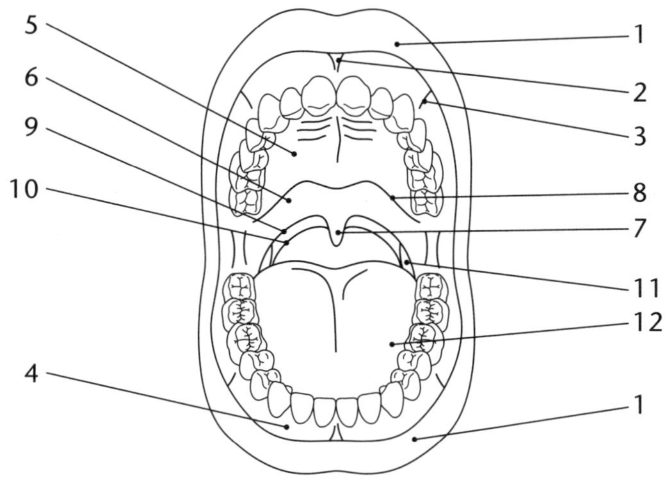

Nr.	Farbe	Lat.-griech. Fachbegriff	Deutscher Fachbegriff
1	dunkelrot		(Ober- und Unter-) Lippe
2	mittelrot	Frenulum labii (superioris et inferioris)	
3	rot	Frenulum buccale	Wangenbändchen
4	rosa		Mundvorhof
5	(hell)orange		harter Gaumen
6	(hell)orange		weicher Gaumen
7	hellbraun	Uvula	Zäpfchen
8	mittelblau		Grenze zwischen hartem und weichem Gaumen
9	lila 1	Arcus palatoglossus	
10	lila 2	Arcus palatopharyngeus	
11	dunkelbraun	Tonsilla palatina	
12	eosin-rot		

3. Nennen Sie die vier Geschmacksqualitäten der Zunge.

____

____

4. Frau Schröder hat ja inzwischen fast alle Zähne bekommen, nur die so genannten Weisheitszähne brechen gerade durch. Wiederholen Sie zunächst den makroskopischen Zahnaufbau, der prinzipiell für jeden Zahntyp zutrifft. Schreiben Sie „Steckbriefe" zu den drei Anteilen.

Abschnitt:

____

Lage:

____

____

Funktion:

____

____

____

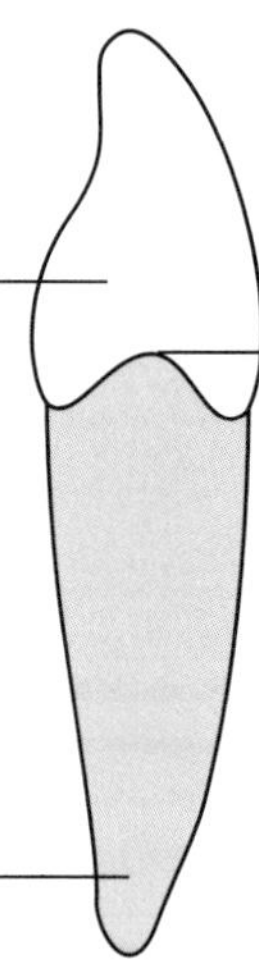

Abschnitt:

____

____

____

Lage:

____

____

Funktion:

____

____

Abschnitt:

____

Lage:

____

____

Funktion:

____

____

____

5. Makroskopisch gesehen unterscheidet man vier Zahntypen. Nennen Sie die lateinischen Fachbezeichnungen im Singular und Plural.

Schneidezahn:

Eckzahn:

kleiner Backenzahn:

großer Backenzahn = Mahlzahn:

6. Der Mensch zahnt zweimal in seinem Leben. Wie heißen die beiden Dentitionen mit deutschem und mit lateinischem Fachausdruck?

7. Welcher Zahntyp kommt im Milchgebiss nicht vor?

8. Anzahl und Verteilung der Zahntypen sind für jedes Säugetiergebiss typisch und werden in der Zahnformel angegeben. Man benutzt die Anfangsbuchstaben der Fachausdrücke der Zahngattungen. Bleibende Zähne werden mit Großbuchstaben, Milchzähne mit kleinen Buchstaben geschrieben.
Wie lautet demnach die Zahnformel des gesamten permanenten Gebisses? Kreuzen Sie die richtige Antwort an.

- ☐ 2 I 2 C 2 P 3 M
- ☐ 2 i 1 c 2 p 2 m
- ☐ 4 I 2 C 4 P 8 M
- ☐ 8 I 4 C 8 P 12 M
- ☐ 2 I 1 C 2 P 8 M

9. Stellen Sie die Zahnformel für eine Kieferhälfte des Milchgebisses auf.

10. Ab wann spricht man von einem Wechselgebiss, in dem Milchzähne und bleibende Zähne vorhanden sind? Kreuzen Sie an.

- ☐ wenn der erste Milchzahn resorbiert wird
- ☐ wenn der erste bleibende Schneidezahn durchgebrochen ist
- ☐ wenn sich die 6-Jahr-Molaren eingestellt haben
- ☐ wenn der erste Milchzahn ausgefallen ist
- ☐ wenn die erste Füllung an einem bleibenden Zahn gelegt worden ist

11. Weisheitszähne sind keine gesonderten Zahntypen. Was kann man über sie sagen?

12. Stellen Sie nun Ihr gesamtes Wissen über die Zahngattungen der bleibenden Zähne in der Tabelle zusammen.

	Name (lat. und deutsch)	Form der Krone	Wurzeln und Kanäle	Funktion
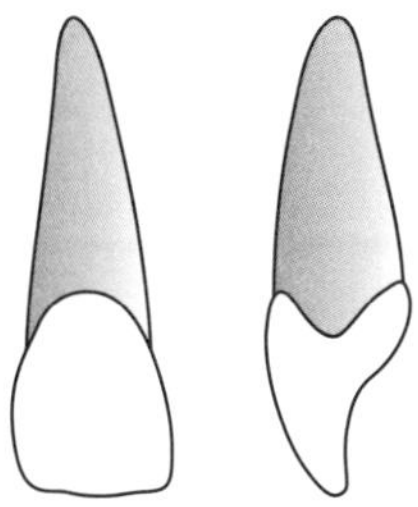 labial mesial		schaufelförmig, Inzisalkante, 2 Randleisten		
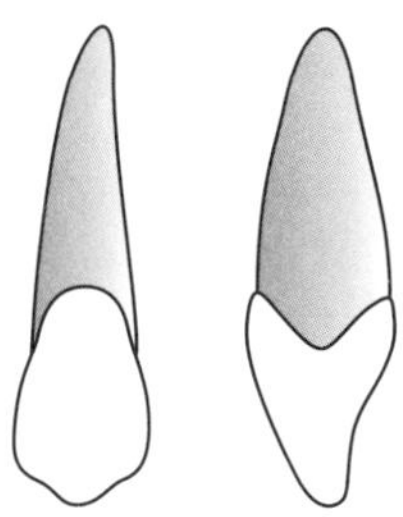 labial mesial		Inzisalkante durch Cuspis (= Kauspitze) geteilt, 2 Randleisten, 1 Mittelleiste, palatinales Tuberculum	einwurzelig, ein Kanal; sehr kräftige und lange Wurzel	„Reißzahn" Festhalten der Nahrung beim Abbeißen
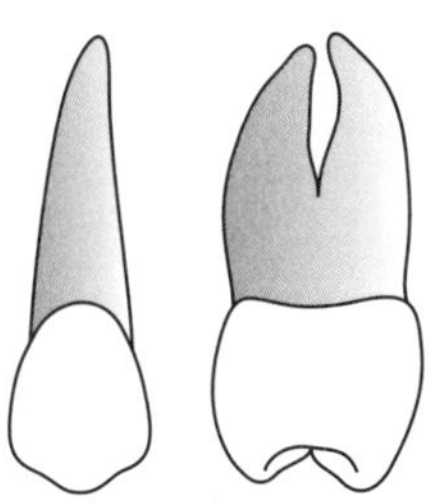 labial mesial		Bikuspidat (= Zahn mit 2 Höckern), 1 Mittelfissur	einwurzelig; Ausnahme: 1. oberer Praemolar; je Wurzel 1 Kanal	
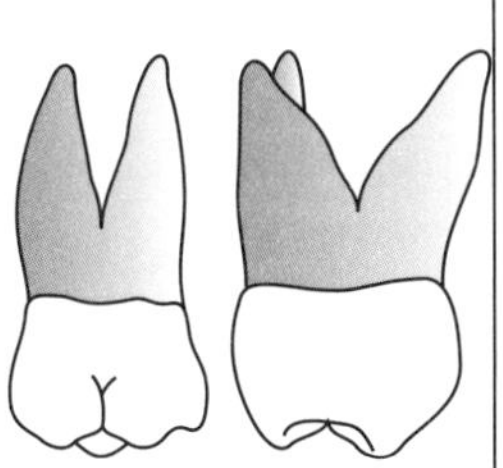 labial mesial	Molar(is) großer Backenzahn, Mahlzahn	OK: 4 Höcker, Fissuren bilden schräg liegendes H; Tuberculum carabelli; UK: 5 Höcker, Fissuren bilden ein Kreuz; Kronenflucht		

13. Mithilfe der Zahnmerkmale können die einzelnen Zähne dem Ober- oder Unterkiefer oder auch der rechten oder linken Kieferhälfte zugeordnet werden. Ergänzen Sie die Tabelle und zeichnen Sie die entsprechenden Zahnmerkmale nach.

	Merkmal	Beschreibung
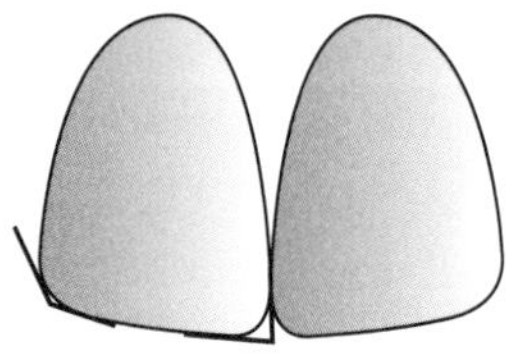	Winkelmerkmal	Der Winkel zwischen Schneidekante und mesialer Approximalfläche ist spitzer als der distale.
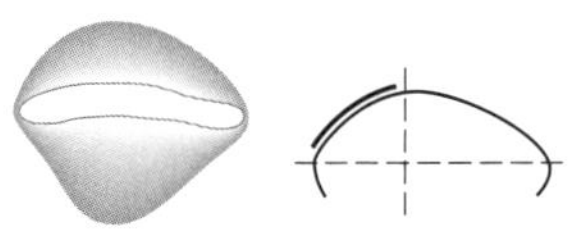	Krümmungsmerkmal, Massenmerkmal	
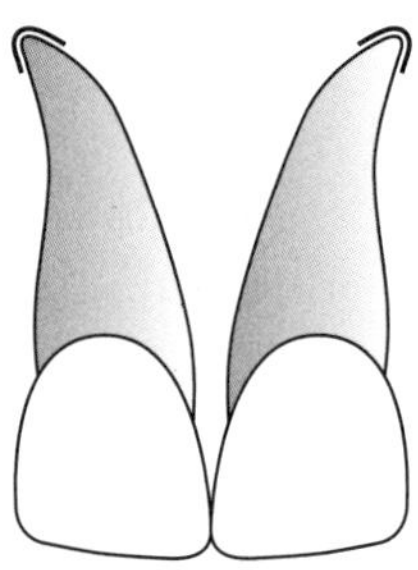		
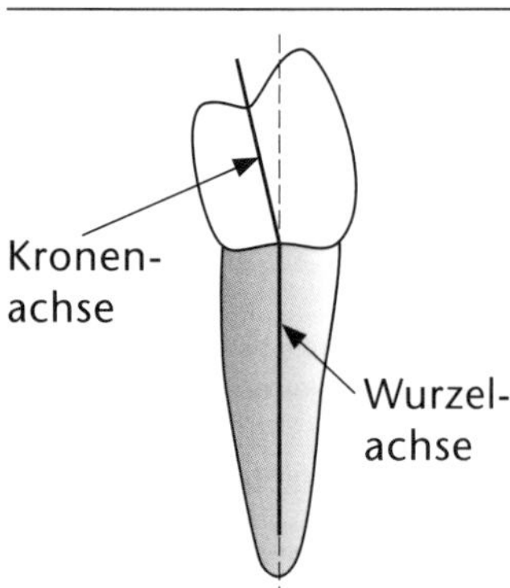	Kronenflucht (nur bei Unterkieferseitenzähnen erkennbar)	
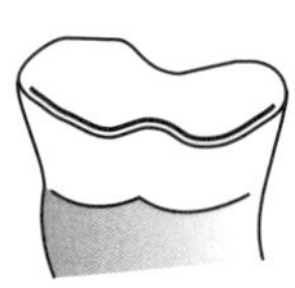		girlandenförmig verlaufende Linie, die den größten Umfang des Zahnes markiert
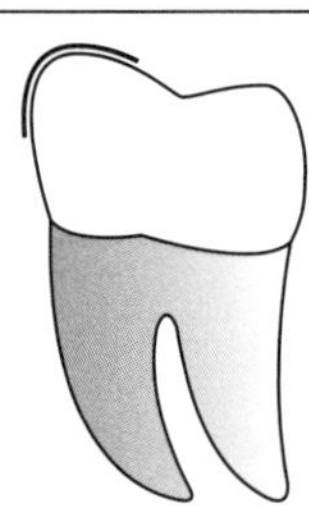		

Jessica Schröder, LF 8, S. 84

Situation 3 – Empfang von Neupatienten, Befund im Milchgebiss, Milchzähne, Durchbruchszeiten

Tina Petermann, 5 Jahre

Sie sitzen in der Anmeldung. Es ist 15:00 Uhr. Es klingelt. Nachdem Sie geöffnet haben, tritt eine Frau mit drei Kindern ein. Sie schauen kurz ins Terminbuch. Dort sehen Sie folgenden Eintrag:

15:00 Fr. Petermann (01, neu, Zuzug; GKK)
3 x Kd. Petermann (IP)

Eines der beiden kleinen Mädchen versteckt sich ängstlich hinter seiner Mutter. Der etwas ältere Junge schaut sich interessiert um und wirkt sehr offen.

1. Worauf sollten Sie grundsätzlich bei der Begrüßung achten?

____

____

____

____

2. Was können Sie tun, um Kindern einen guten Empfang zu bereiten?

____

____

3. Die Petermanns sind Neupatienten und gesetzlich versichert. Ergänzen Sie den folgenden Lückentext.

Sie lassen sich von Frau Petermann die ______________ geben und lesen diese im PC ein. Dann bitten Sie Frau Petermann, für sich und die Kinder die ______________ auszufüllen. Sie begründen kurz, dass dies erforderlich ist, um ______________ auszuschließen, aber auch um bestmöglich die ______________ des Patienten zu erfüllen. Sie bieten ______________ beim Ausfüllen an und nehmen die ausgefüllten Bögen mit einem Wort des ______________ zurück. Falls Frau Petermann Ihnen gegenüber Probleme oder Fragen zur Behandlung äußert, machen Sie darüber ______________, damit Frau Dr. Heilmann vorinformiert ist.

Sie erledigen nun alle weiteren Arbeiten, die mit der Neuaufnahme von Patienten verbunden sind. Kurze Zeit später nehmen Sie die 5-jährige Tina zusammen mit ihrer Mutter ins Behandlungszimmer. Die beiden anderen Kinder lesen in den ausgelegten Büchern.

4. Tina ist das jüngste Kind und wird von allen verwöhnt. Sie nascht gern und viel und weiß, dass sie Löcher hat. Frau Heilmann stellt in dem noch vollständigen Milchgebiss Karies an allen Milchmolaren fest.
Bestimmen Sie den dmf-t. Gehört Tina damit zur Hochrisikogruppe? Begründen Sie.

5. Welche zusätzlichen Präventionsmöglichkeiten als Kassenleistung können Sie Frau Petermann für Tina anbieten?

6. Frau Petermann dachte bisher, dass Milchzähne nur behandelt werden müssen, wenn sie wehtun, da sie ja sowieso irgendwann ausfallen. Nennen Sie Gründe, weshalb diese Ansicht nicht richtig ist.

7. Beschriften Sie im folgenden Schema des Milchgebisses
a) im Oberkiefer die Zähne mit Namen
b) im Unterkiefer die Zähne mit ihrer Durchbruchszeit.

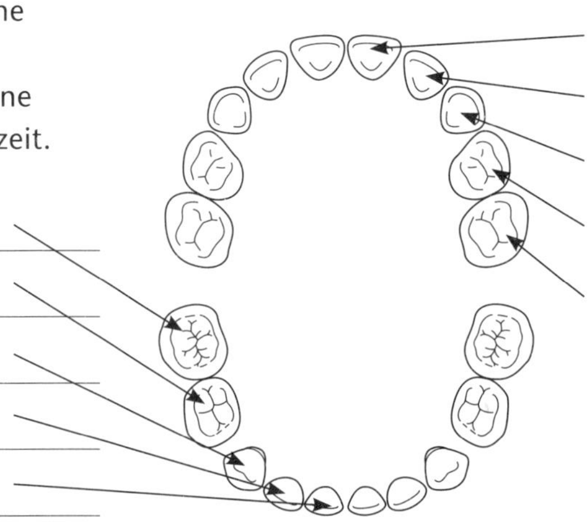

Tina Petermann, LF 4, S. 58

Situation 4 Befund im Wechselgebiss, Durchbruchszeiten

Nele Petermann, 8 Jahre

Nachdem Tinas Behandlung abgeschlossen ist, kommt ihre ältere Schwester Nele ins Behandlungszimmer. Nele war schon häufiger beim Zahnarzt und hat gar keine Angst. Sie interessiert sich sehr für alle Geräte und arbeitet gut mit. Deswegen kann Frau Dr. Heilmann den Befund schnell aufnehmen. Sie stellt keine Karies fest. Weiche Beläge sind kaum und harte Beläge gar nicht vorhanden.

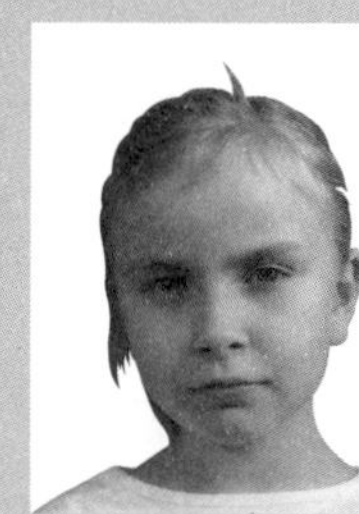

1. Da die Dokumentation bei einem Wechselgebiss oft zu Fehlern führt, überlegen Sie sich, welcher Zahnbestand zu erwarten ist. Kreuzen Sie die vermutlich fehlenden Zähne durch.

			V	VI	III	II	I	I	II	III	IV	V			
8	7	6	5	4	3	2	1	1	2	3	4	5	6	7	8
8	7	6	5	4	3	2	1	1	2	3	4	5	6	7	8
			V	VI	III	II	I	I	II	III	IV	V			

2. Beschriften Sie im folgenden Schema im Oberkiefer die Zahngruppen mit deutschem und lateinischem Namen.

Tragen Sie am Unterkiefer die ungefähren regulären Durchbruchszeiten der Zähne ein.

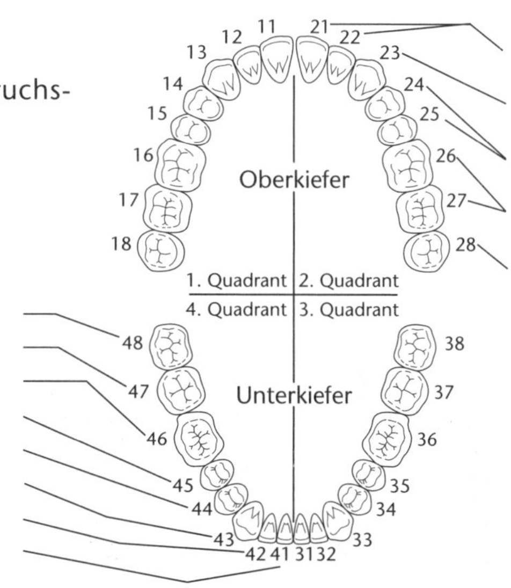

Obwohl keine Beläge vorhanden sind, blutet an einigen Stellen das Zahnfleisch von Nele, wenn Frau Dr. Heilmann es mit der Sonde berührt. Der Zahnfleischsaum ist an den meisten Stellen dunkelrot gefärbt. Deswegen erklärt Frau Dr. Heilmann Frau Petermann, dass Nele unbedingt individualprophylaktische Betreuung in der Praxis benötigt.

↵ Nele Petermann, LF 11, S. 141

Situation 5 DMF-T/DMF-S

Dennis Petermann

Dennis ist als letztes Kind der Familie Petermann an der Reihe. Er hat während der Behandlung seiner Schwestern im Wartezimmer gesessen, da er lieber Zeitschriften ansehen wollte. Sie rufen Dennis in das zweite Behandlungszimmer. Seine Mutter kann zunächst nicht bei der Behandlung dabei sein, da sie auf die beiden kleinen Mädchen aufpassen muss. Dennis stört das aber nicht. Er wirkt schon sehr selbstständig und möchte wissen, ob er eine „Spange" benötigt.

1. Welche Vorkehrungen müssen Sie im Behandlungszimmer treffen?

– ______________________________

– ______________________________

– ______________________________

– ______________________________

2. Schon vor dem Eintreffen von Frau Dr. Heilmann fragt Dennis Sie, ob er eine „Spange" bekommen wird. Welche Antwort geben Sie ihm?

____

____

3. Bei der Untersuchung findet Frau Dr. Heilmann ein kariesfreies Gebiss vor, das sich in dem abgebildeten Durchbruchszustand befindet. Wie alt ist Dennis etwa? Begründen Sie Ihre Antwort.

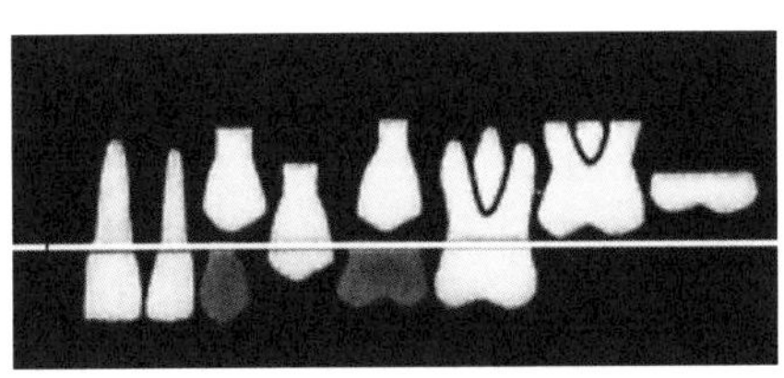

Alter: ______________________________

Begründung: ______________________________

____

4. Der Zahn 16 ist mit einer okklusal-distalen Amalgamfüllung, der Zahn 26 mit einer mod-Füllung und die Zähne 36 und 46 sind mit jeweils einer okklusalen Füllung versehen. Welcher DMF-T bzw. welcher DMF-S-Wert ergibt sich damit für Dennis?

DMF-T = ______________________________

DMF-S = ______________________________

Da Frau Dr. Heilmann Dennis nicht unnötig röntgen lassen will, beauftragt sie Sie, ein OPG anzufertigen. So ist gleichzeitig eine Diagnostik auf Karies und eine Grundlage für die Planung der kieferorthopädischen Therapie möglich.

Dennis Petermann, LF 10b, S. 129

5. Einige Stellen wie der Approximalraum 14/15 oder die Fissuren der 4er kommen Frau Dr. Heilmann „verdächtig" vor. Nennen Sie drei weitere Möglichkeiten zur Kariesdiagnostik neben der Inspektion mit Mundspiegel und dem vorsichtigen Abtasten mit der Sonde.

– ______________________________

– ______________________________

– ______________________________

6. Ergänzen Sie den Lückentext.

Auf der Aufnahme von Dennis sieht Frau Dr. Heilmann im Oberkiefer hinter den angelegten Weisheitszähnen überzählige Zähne, so genannte ______________________ .

Eine Zahnüberzahl wird als ______________________ bezeichnet.

Dennis drängt darauf, die „Spange" zu bekommen, da er beim Zusammenbeißen immer noch einen Spalt zwischen den Frontzähnen hat. Dies nennt man ______________________ Biss. Mögliche Ursachen dafür können eine Verformung der Kiefer durch die Erkrankung ______________________ oder ein deutlich über das ____ Lebensjahr hinausgehendes Nuckeln sein.

Dennis Petermann, LF 11, S. 138

Situation 6 Gesprächsführung, Befund mit erweiterter Symbolik

Birgit Petermann, 38 Jahre

Nachdem die Kinder abgeholt worden sind, kann nun auch die Mutter, Frau Petermann, ins Sprechzimmer gerufen werden. Sie sollen Frau Petermann aus der Wartezone holen. Frau Dr. Heilmann möchte mit ihr über eine mögliche Parodontal-Behandlung sprechen. Frau Petermann wirkt wegen der anstehenden Besprechung beunruhigt und sucht, so lange Frau Dr. Heilmann noch nicht da ist, das Gespräch mit Ihnen.

1. Durch welche Gesprächstechniken ermutigen Sie Frau Petermann, Vorbehalte oder Sorgen auszusprechen? Begründen Sie, weshalb das so wichtig ist.

2. Nennen Sie die vier Regeln der Verständlichkeit, die Sie im Gespräch mit Patienten beachten sollten.

Frau Petermann erzählt Frau Dr. Heilmann, dass bei ihr vor zwei Jahren eine „Parodontosebehandlung" durchgeführt wurde. Damals hatte ihr Zahnfleisch beim Putzen häufig geblutet. Frau Petermann hat bereits einige Kronen und eine Brücke. Aufgrund der Kinder ist ihre finanzielle Situation angespannt. Einen Zahnverlust mit einem teuren Zahnersatz kann sie sich deshalb nicht leisten. Frau Dr. Heilmann möchte auf diese Umstände Rücksicht nehmen.

3. Um sich von der Situation ein Bild zu verschaffen, nimmt Frau Dr. Heilmann den Befund auf und bittet Sie um eine ausführliche Dokumentation. Benutzen Sie dazu zwei Farben und die aus der Parodontologie bekannten Befundsymbole:
18 fehlt, 17 und 16 Vollgusskronen,15 kariös okklusal-distal, 14 fehlt mit Lückenschluss, 13 Krone, 12 und 11 Brückenglieder, 21 Krone (die Brücke ist vestibulär verblendet), 22 Füllung zervikal, 23 Füllung mesial-labial, 24 fehlt mit Lückenschluss, 26 Füllung bukkal-okklusal-palatinal, 27 fehlt, 28 ist in die Lücke gekippt;
38 fehlt, 37 kariös okklusal-distal, 36 vollverblendete Krone, 35 kariös buccal, 32-42 freiliegende Zahnhälse 2 mm, 46 Kompositfüllung okklusal-mesial, 47 Füllung lingual und Karies okklusal, 48 fehlt. Nicht erwähnte Zähne stehen.
An dem Zahn 26 befindet sich bukkal und an den Zähnen 33 bis 43 lingual Zahnstein. Es sind keine Taschen messbar; ebenso ist auf Sondierung nirgends eine Blutung feststellbar.

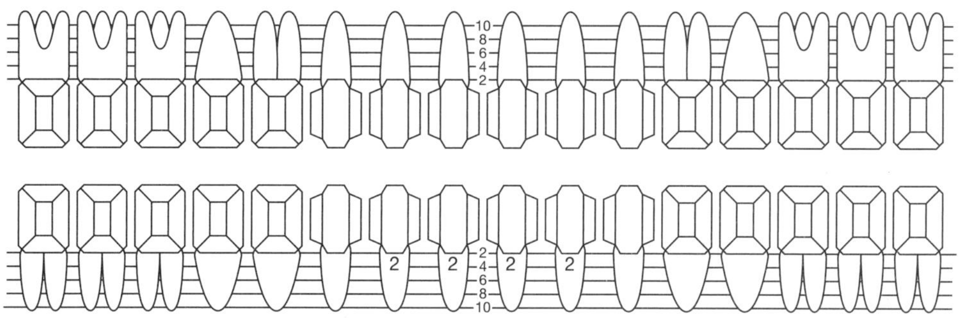

4. Der Lückenschluss der beiden oberen 4er lässt Frau Dr. Heilmann etwas vermuten. Um welche Vermutung handelt es sich? Der Anamnesebogen kann einen Hinweis darauf enthalten.

____

____

5. Wie kommt Frau Dr. Heilmann zu dieser Vermutung?

____

____

6. Nennen Sie mögliche Gründe dafür, dass der

– 46 mit einer Kompositfüllung versorgt ist:

____

____

– 36 eine vollverblendete Krone trägt (im Gegensatz zu 16 und 17):

____

____

Birgit Petermann, LF 10a, S. 110

Situation 7 Schädelaufbau, Oberkiefer

Thorben Kammer, 24 Jahre

Herr Kammer erscheint ohne Termin in der Praxis. Er wird von heftig ziehenden Zahnschmerzen im rechten Oberkiefer geplagt. Frau Dr. Heilmann untersucht die rechte Gesichtshälfte. Sie stellt fest, dass die in dem Zahn 14 vorhandene Füllung gebrochen ist und die Teile leicht gegeneinander verschieblich sind. Auf den Sensibilitätstest reagiert Herr Kammer sehr stark. Aus der Karteikarte ist ersichtlich, dass an diesem Zahn vor einem Jahr eine tiefe Karies behandelt wurde. Sie empfiehlt Herrn Kammer eine Wurzelkanalbehandlung zur Erhaltung des Zahnes. Um dem Patienten die Schmerzen zu nehmen, anästhesiert sie sofort das Gebiet um den Zahn.

1. Für Untersuchungen und Anästhesien benötigt man spezielle Kenntnisse vom Schädel. Man teilt den Schädel in einen Hirn- und einen Gesichtsschädel ein. Malen Sie in der Skizze die beiden Bereiche mit jeweils einem pastellfarbenem Buntstift an.

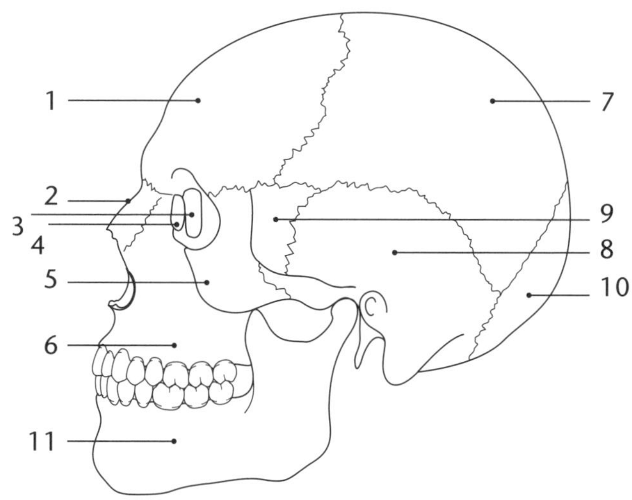

2. Wie heißen die Knochen? Füllen Sie die Tabelle aus.

	deutscher Fachbegriff	lateinischer Fachbegriff
1		
2		
3		
4		
5		
6		
7		
8		
9		
10		
11		

3. In den Schädelknochen befinden sich an vielen Stellen Löcher, durch die Blutgefäße und/oder Nerven verlaufen. Einige davon sind in der Zahnmedizin wichtig. Benennen Sie die abgebildeten Löcher mit deutschem und lateinischem Namen.

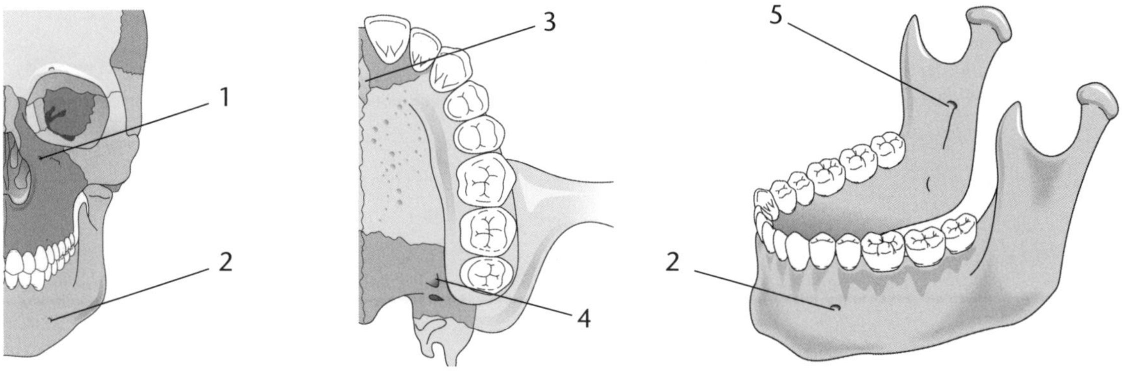

1 ______________________________

2 ______________________________

3 ______________________________

4 ______________________________

5 ______________________________

4. Der Oberkiefer (Maxilla) besteht aus einem Körper (Corpus maxillae) und vier Fortsätzen. Nennen Sie diese mit deutschen und lateinischen Fachbegriffen.

____

____

____

____

5. Beschriften Sie die Skizze.

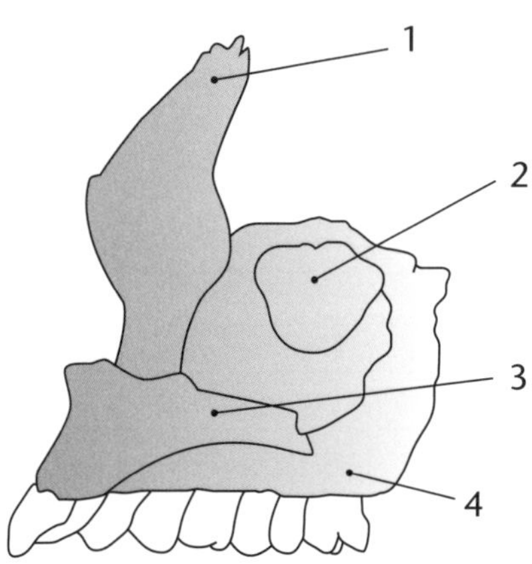

1 ______________________________

2 ______________________________

3 ______________________________

4 ______________________________

Thorben Kammer, LF 5, S. 63

Situation 8 Beschwerdemanagement, Unterkiefer

Susanne Meier, 43 Jahre

Frau Meier kommt mit einer umschriebenen Schwellung im Bereich der rechten Wange in die Praxis. Sie ist offensichtlich sehr verärgert. Die langwierige Wurzelkanalbehandlung vor zwei Monaten sei ja wohl erfolglos bei der „dicken Backe“. Eine Arbeitskollegin habe ihr erzählt, dass sie sich nun operieren lassen oder den Zahn ziehen lassen müsse. Gestern Abend sei ihr außerdem etwas von einer Frontzahnbrücke abgebrochen. Nun könne sie sich nicht mehr unter Leute trauen. Die Brücke sei doch auch hier gemacht, die dürfe doch nicht einfach kaputt gehen. Sie sei sehr verunsichert, ob das alles seine Richtigkeit habe.

1. Wie reagieren Sie auf die Verärgerung der Patientin?

2. Nennen Sie Elemente des Beschwerdemanagements.

Phase A: Verständnis zeigen

Phase B: Lösungsorientierung

3. Frau Meier sagt nicht, dass sie verärgert ist, sondern sie hinterlässt bei Ihnen diesen Eindruck durch ihre Körperhaltung, Gebärden und Mimik. Solche wortlosen Botschaften nennt man „nonverbal". Ordnen sie den folgenden Beobachtungen (nonverbaler Aspekte) die naheliegendsten Interpretationen zu.
Bedenken Sie dabei: Nicht immer sind nonverbale Botschaften klar und eindeutig. Ob unsere Interpretation richtig ist, können wir nur sicher wissen, wenn wir den Gesprächspartner einfühlsam darauf ansprechen, welchen Eindruck er bei uns hinterlässt und ihn fragen, ob das zutrifft.

nonverbaler Ausdruck	Interpretation/Gefühle	
1 verschränkte Arme	Ich habe Angst.	☐
2 verkrampfte Finger	Ärger	☐
3 steile Falte auf der Stirn	Ich weine gleich.	☐
4 „giftiger" Blick	Trauer	☐
5 schleppende Bewegungen, gebeugte Schultern	Eile, Zeitdruck	☐
6 häufiges hörbares tiefes Ein- und Ausatmen	Ich halte Abstand, ich schütze mich.	☐
7 eckige, unnötig schnelle Bewegungen	Ablehnung, Wut	☐
8 plötzliches Zurückweichen des Kopfes	Ich fühle mich stark belastet.	☐
9 bebende Lippe	Achtung! Sie verletzen meine Gefühle, das tat in der Seele weh!	☐

4. Der Zahn 35 verursachte die Probleme bei Frau Meier. Er befindet sich im Unterkiefer. Beschriften Sie die Skizze mit deutschen und lateinischen Fachausdrücken.

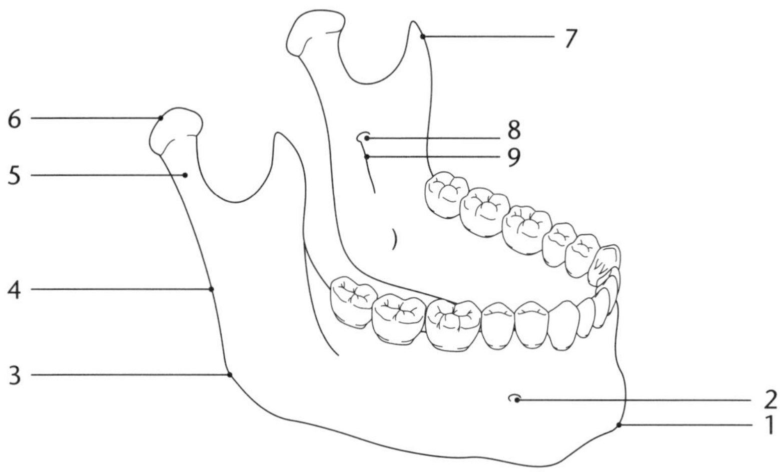

	deutscher Fachbegriff	lateinischer Fachbegriff
1		
2		
3		
4		
5		
6		
7		
8		
9		

Frau Dr. Heilmann entschließt sich, den Zahn 35 zu röntgen, um die Ursache für die Schwellung der Wange genau diagnostizieren zu können.

Susanne Meier, LF 10b, S. 124

Situation 9 Telefonische Beratung, Notfallpatient, Zahnluxation

Sophie Krüger, 12 Jahre

Sophie ist heute Morgen direkt vor der Schule mit dem Fahrrad gestürzt und hat sich den oberen rechten mittleren Schneidezahn heraus gebrochen. Einer ihrer Mitschüler konnte den Zahn finden und aufheben. Die Sekretärin der Schule ruft in der Praxis an und fragt Sie, wie sie sich verhalten soll.

1. Geben Sie der Sekretärin telefonisch Empfehlungen, wie sie sich verhalten soll.

____

____

____

____

2. Sophie und ihre Mutter sind inzwischen in der Praxis eingetroffen. Was tun Sie organisatorisch?

____

____

____

____

3. Welche Fragen stellen Sie beim Eintreffen in der Praxis an das Kind und an die Mutter?

____

____

____

____

4. Die Befragung ist ein Teil der Anamnese. Erläutern Sie den Begriff „Anamnese".

____

5. Wie gehen Sie auf das Kind ein?

6. Sie begleiten Sophie in das frei gewordene Behandlungszimmer. Frau Dr. Heilmann kommt sofort dazu und fragt zunächst nach der Anamnese. Erläutern Sie die folgenden Begriffe.

allgemeine Anamnese	spezielle Anamnese

Zur genaueren Diagnostik ordnet Frau Dr. Heilmann eine Röntgenaufnahme von der Region 11 an.

↵ Sophie Krüger, LF 10b, S. 134

7. Wie lautet der Fachbegriff für die Diagnose, die Frau Dr. Heilmann in Bezug auf den Zahn 11 bei Sophie stellt?

8. Nennen Sie die Arbeitsschritte, die einer Diagnose vorangehen müssen.

_____ → _____ → _____

9. Während Sophie behandelt wird, ruft ein Herr Schulz an. Er stellt sich als Sophies Lehrer vor und möchte wissen, wie schlimm es um sie steht. Was antworten Sie ihm?

↵ Sophie Krüger, LF 8, S. 96

Situation 10 Älterer Patient mit Behinderungen

Helmut Lange, 71 Jahre

Herr Lange kommt mit einer starken Schwellung im Bereich der rechten Wange am und unterhalb des Unterkiefers in die Praxis. Die Schwellung ist rötlich druckschmerzhaft und verschieblich. Die Diagnose lautet „submuköser Abszess“. Sie kennen Herrn Lange bereits. Er hört schwer und seine Bewegungen sind seit seinem Schlaganfall recht langsam.

1. Durch welche Maßnahmen erleichtern Sie sich und Herrn Lange den Umgang trotz seiner Schwerhörigkeit?

2. Welche Probleme oder Defizite müssen besonders bei älteren oder Patienten mit Behinderungen in Betracht gezogen werden? Wie reagieren sie angemessen darauf? Ordnen Sie den Problemen/Defiziten aus Spalte 1 angemessene hilfreiche Verhaltensweisen aus Spalte 2 zu.

Probleme/Defizite	Umgehensweise
1 Fehlsichtigkeit	☐ durch Zuwendung positive Atmosphäre vermitteln; trotzdem (kurze) Erklärungen geben; längere Reaktionszeiten einkalkulieren, Einverständnis abwarten; Angehörige einbeziehen, ohne Patienten auszugrenzen
2 Gehbehinderung	☐ elektrische statt Handzahnbürste; Einweisung von Pflegern/Angehörigen in Prothesen- und Zahnpflege
3 eingeschränkte Verständnisfähigkeit	☐ führen, stützen; beim Aufstehen und Hinsetzen halten
4 eingeschränkte manuelle Fähigkeit	☐ Patienten ggf. führen; blendenfreie Beleuchtung; große Abbildungen; Infoblätter möglichst in Großdruck

3. Herr Lange klagt über Zahnfleischbluten in der unteren Front. Welche Untersuchung ist neben der „einfachen“ Befundaufnahme daher erforderlich?

Helmut Lange, LF 7, S. 75

Situation 11 Ältere Patientin mit Grunderkrankung, Speicheldrüsen

Erika Lange, 70 Jahre

Frau Lange kommt oft in die Praxis. Immer wieder hat sie Probleme mit ihrem Zahnersatz im Unterkiefer, der locker ist, seitdem im Unterkiefer kein Zahn mehr steht. Im Oberkiefer trägt Frau Lange eine Modellgussprothese, die gut sitzt. Aber oft berichtet Frau Lange über Schleimhautbrennen. Zusätzlich leidet Frau Lange an Asthma und muss des Öfteren ein Spray benutzen. Sie hat das Gefühl, dass dadurch der Mund immer mehr austrocknet.

1. Muss man mit älteren Patienten generell anders umgehen als mit jüngeren? Begründen Sie Ihre Antwort.

2. Frau Lange klagt über einen trockenen Mund. Der überwiegende Teil des Mundspeichels wird in den drei großen Mundspeicheldrüsen produziert. Beschriften Sie die Abbildung mit lateinischen und deutschen Fachbegriffen.

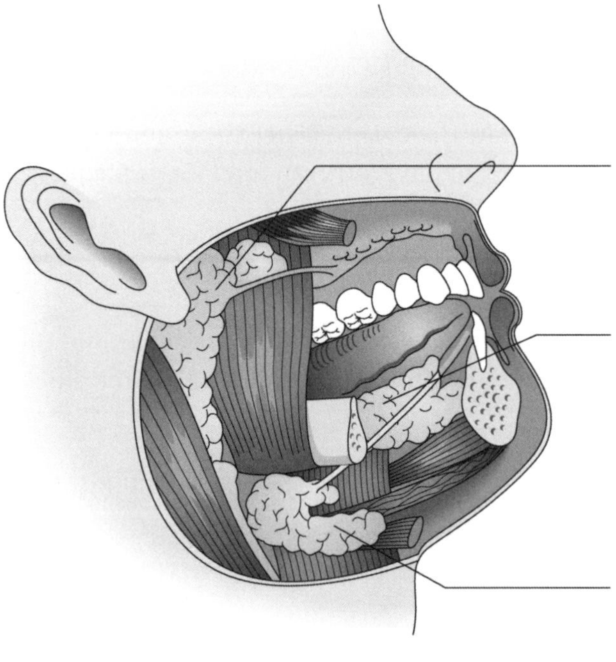

3. Wie viel Speichel wird pro Tag durchschnittlich produziert?

4. Nennen Sie die Aufgaben des Speichels.

5. Wie nennt man das Beschwerdebild, das Frau Lange mit einem ausgetrockneten Mund beschreibt?

6. Nennen Sie entzündliche Erkrankungen der Ohrspeicheldrüse.

Allgemeinerkrankungen können die Zahn- und Mundgesundheit sehr beeinflussen. Die Asthmaerkrankung von Frau Lange nimmt Frau Dr. Heilmann zum Anlass, in der nächsten Teambesprechung die Kenntnisse über das Atmungssystem und damit verbundene Zwischenfälle in der Zahnarztpraxis aufzufrischen.

↵ Erika Lange, LF 7, S. 78

Frau Dr. Heilmann rät Frau Lange zu einer Unterfütterung des Zahnersatzes für den Unterkiefer, um durch einen besseren Sitz die Schleimhautirritationen zu vermeiden. Damit die Unterfütterung den erhofften Erfolg bringt, soll zunächst die Schleimhaut so behandelt werden, dass die Entzündung abklingt.

↵ Erika Lange, LF 10a, S. 100

Lernfeld 3: Praxishygiene organisieren

Situation 1 Persönliche Hygiene, Verhalten in der Praxis

Frau Dr. Heilmann hat eine neue Auszubildende eingestellt. Sie heißt Selin und hat heute ihren ersten Tag in der Praxis. Selin freut sich schon darauf, bei einer Patientenbehandlung dabei zu sein. Frau Dr. Heilmann bittet Sie, Selin zu betreuen. Bevor Sie Selin mit in ein Behandlungszimmer nehmen, haben Sie ihr einige grundlegende Dinge zur Hygiene in der Praxis zu erklären.

1. Was versteht man unter dem Begriff „Hygiene"?

____

____

2. Was ist „Gesundheit" überhaupt? Definieren Sie den Begriff.

____

____

3. Nennen Sie die Teilbereiche der Hygiene.

________	________	________

4. Welche zwei Infektionskrankheiten kann man in der Zahnarztpraxis schnell bekommen?

____

____

5. Vor diesen beiden Erkrankungen kann man sich durch Impfung (= künstliche Immunisierung) besonders gut schützen. Stellen Sie einen Impfplan für Hepatitis auf.

Impfplan Hepatitis

6. Es gibt drei Arten von Schutzimpfungen. Um welche handelt es sich bei den eben genannten?

7. Infektionskrankheiten werden durch Mikroorganismen hervorgerufen. Nennen Sie die vier Arten von Mikroorganismen.

8. Die Mikroorganismen können an verschiedenen Stellen in den menschlichen Körper eindringen. Wo sind welche Infektionswege möglich?

Art der Infektion	Infektionsquelle	Infektionsweg	Anlass der Infektion; Beispiel
Tröpfcheninfektion	hustende, niesende Personen	Körperöffnungen	sprechen, husten, niesen
Kontaktinfektion			
Schmierinfektion			
orale Infektion			
perkutane Infektion			
perinatale Infektion			

9. Sie geben Selin noch weitere Ratschläge, was sie persönlich tun kann, um sich vor Erkrankungen zu schützen. Begründen Sie Ihre Ratschläge.

Ratschlag	Begründung
	damit sie keinen Nistplatz für Bakterien bieten
	damit keine Risse entstehen, über die Krankheitserreger eindringen können
	damit keine Verletzungsgefahr und keine Keimeinnistung möglich ist
Arbeitskleidung zweimal wöchentlich waschen und desinfizieren	
Schutzkleidung nicht mit nach Hause nehmen	
Schutzkleidung bei bestimmten Arbeiten tragen	
sorgfältiges und konzentriertes Arbeiten	

10. Patienten beurteilen auch die fachliche Arbeit von Frau Dr. Heilmann danach, wie ihr erster Eindruck von der Praxis und den Praxisangestellten ist. Sie erklären Selin, dass sie nun auch äußerlich die Praxis repräsentieren muss. Geben Sie ihr dazu ein paar Tipps und begründen Sie:

12. Beschreiben Sie die hygienische Händedesinfektion.

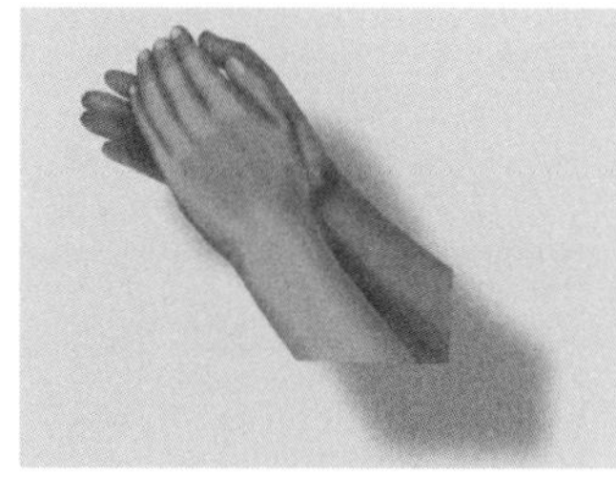

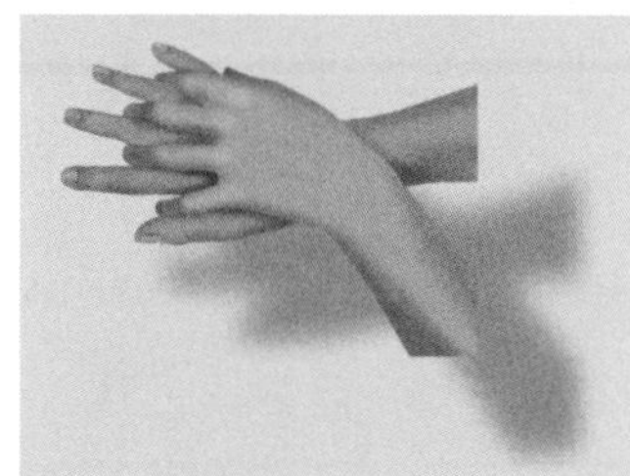

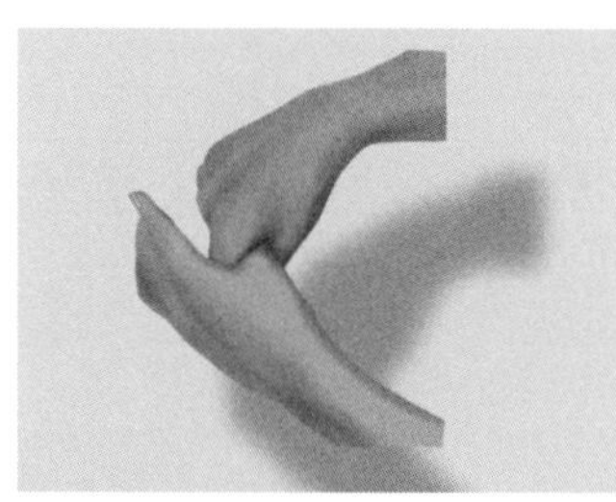

13. Zum eigenen Schutz vor Infektion durch den Patienten sollte Selin folgende Vorsichtsmaßnahmen ergreifen:

14. Frau Dr. Heilmann kommt zu dem Gespräch dazu. Sie kommt nun ihrer Verpflichtung nach, bei Einstellung von Mitarbeitern eine Mitarbeiterbelehrung durchzuführen. Nennen Sie Inhalte dieser Mitarbeiterbelehrung.

Situation 2 Mikroorganismen, Infektionskrankheiten

Sophie Krüger

Sophie hatte auf dem Weg zur Schule einen Fahrradunfall, bei dem sie sich den Zahn 11 heraus gebrochen hat. Inzwischen ist Sophie mit ihrer Mutter in der Praxis eingetroffen und Frau Dr. Heilmann hat den Zahn reimplantiert. Abschließend bitten Sie Frau Krüger, im Impfpass von Sophie nachzuschauen, wann die letzte Tetanusimpfung durchgeführt wurde.

LF 2, S. 29
LF 3, S. 38
LF 8, S. 96
LF 10b, S. 134

1. Wie nennt man die Krankheit „Tetanus" auf Deutsch?

____

2. Beschreiben Sie, wie diese Krankheit verläuft, wenn sie nicht behandelt wird.

____

____

____

____

____

____

____

3. Welche Prophylaxemöglichkeiten gibt es?

generell: ______________________________

____

____

____

in der Praxis: ______________________________

____

4. Welcher Gruppe von Mikroorganismen gehört der Erreger des Tetanus an?

5. Mikroorganismen sind einzellige Lebewesen. Der menschliche Körper ist aus vielen Zellen aufgebaut. Aus welchen Teilen besteht der Zellleib und aus welchen der Zellkern?

Zytoplasma/Zellleib	Karyon/Zellkern

6. Im Kernplasma befinden sich Strukturen, die die menschliche Erbinformation beinhalten. Wie heißen diese Strukturen?

7. Damit aus vielen Zellen ein Körper entsteht, müssen sie sich zunächst zu Geweben zusammenschließen. Nennen Sie die vier Gewebearten.

8. Mikroorganismen können Infektionen hervorrufen. Definieren Sie den Begriff „Infektion".

9. Wenn das Immunsystem des Organismus die Infektion nicht abwehren kann, bricht eine Infektionskrankheit aus. Geben Sie Infektionskrankheiten an, die praxisrelevant sind.

Mikroorganismenart	hervorgerufene Krankheit

10. Es gibt verschiedene Möglichkeiten, Infektionskrankheiten vor und nach ihrer Entstehung zu bekämpfen. Nennen Sie vier davon.

11. Auch Sie können sich in der Praxis leicht verletzen und sollten deshalb auf einen guten Impfschutz achten. Falls es doch einmal zu einer Exposition gekommen sein sollte, müssen Sie richtig und schnell handeln.
Was versteht man in diesem Zusammenhang unter Exposition?

Sophier Krüger, Ende des Behandlungsfalls

Situation 3 Hygienemaßnahmen nach konservierender Behandlung, Desinfektion

Peter König

Herr König hat eine Amalgamfüllung am Zahn 47 und eine Kompositfüllung am Zahn 44 erhalten. Nachdem Sie Herrn König an der Anmeldung verabschiedet haben, gehen Sie zurück ins Behandlungszimmer und führen alle Arbeitsschritte durch, so dass der nächste Patient „aufgesetzt" werden kann.

LF 2, S. 6
LF 3, S. 41
LF 4, S. 49
LF 7, S. 69
LF 8, S. 85
LF 10b, S. 116
LF 12, S. 150

1. Definieren Sie den Begriff „Desinfektion".

____

2. Kreuzen Sie an, was Sie nach der Behandlung erledigen müssen. Nur sieben der angegeben Punkte sind richtig. Ordnen Sie diese Arbeitsschritte anschließend in einer aus hygienischer Sicht sinnvollen Reihenfolge.

1	Sprüh-Wisch-Desinfektion der Unit und der Arbeitsflächen	☐
2	Instrumente in den Sterilisator einräumen	☐
3	Entsorgung der Einmalartikel wie Becher, Trayserviette, Speichelsauger	☐
4	Wegstellen der Materialien (Calciumhydroxid, Phosphatzement)	☐
5	Händedesinfektion	☐
6	Instrumente abräumen	☐
7	Winkelstück und / oder Turbine in die Desinfektionswanne legen	☐
8	Instrumente in den Thermodesinfektor einsortieren	☐
9	Becher und Speichelsauger für den nächsten Patienten hinstellen / aufstecken	☐
10	lüften	☐

Reihenfolge:

____

3. Die rotierenden Instrumente werden in einen Fräsator gelegt, in dem sich eine Desinfektionslösung befindet. Die Lösung beinhaltet in der Regel einen weiteren Zusatz zur Pflege der Instrumente. Um welchen Zusatz handelt es sich?

____

4. Welche rotierenden Instrumente dürfen nicht ins Bohrerbad gelegt werden? Begründen Sie Ihre Antwort.

____

5. In der Praxis von Frau Dr. Heilmann befindet sich ein Thermodesinfektor.
Zählen Sie die Regeln auf, die Sie bei der Thermodesinfektion beachten müssen.

– ______________________________

– ______________________________

– ______________________________

– ______________________________

– ______________________________

– ______________________________

6. Anstelle der maschinellen Desinfektion im Thermodesinfektor kann man auch eine Tauchdesinfektion in einer Instrumentenabwurfwanne durchführen. Um welche Desinfektionsart handelt es sich dabei?

____

7. Wie lange müssen Instrumente in der Instrumentenabwurfwanne bleiben?

____

8. Auch die benutzten Übertragungsinstrumente müssen desinfiziert werden. Nennen Sie die in einer Zahnarztpraxis üblichen Übertragungsinstrumente.

______	______	______

9. Wie werden Übertragungsinstrumente am besten desinfiziert? Begründen Sie.

____

____

↵ Peter König, LF 8, S. 85

Situation 4 Hygienemaßnahmen nach prothetischer Behandlung

Helmut Lange

Herr Lange erhält neuen Zahnersatz im Ober- und Unterkiefer. Dazu werden verschiedene Abformungen genommen, die zur weiteren Bearbeitung in ein zahntechnisches Labor geschickt werden.

LF 2, S. 31
LF 3, S. 43
LF 5, S. 67
LF 7, S. 75
LF 8, S. 94
LF 10a, S. 103
LF 10b, S. 126
LF 12, S. 157

1. Was müssen Sie aus hygienischen Gründen mindestens mit den Abformungen tun, bevor Sie sie versenden?

2. Welches ist die optimale Lösung zur Desinfektion von Abformungen und Prothesen, die ins Labor geschickt werden sollen?

3. Wo können Sie in der Praxis relativ schnell nachschauen, was Sie an hygienischen Maßnahmen mit den Abformungen durchführen müssen?

4. Nach Empfehlungen des BDZ (Bundesverbandes deutscher Zahnärzte) wurden für die einzelnen Anwendungsbereiche der Praxishygiene Farbcodierungen eingeführt. Ergänzen Sie die Anwendungsbereiche.

Farbcode	Anwendungsbereich
rosa	
blau	
grün	
gelb	
grau	

5. Das Flächendesinfektionsmittel ist aufgebraucht. Frau Dr. Heilmann beauftragt Sie, im Katalog nachzuschlagen und die Bestellung vorzubereiten. Wie hilft Ihnen der Hygieneplan bei der Bestellung?

6. In der Beschreibung vieler Desinfektionsmittel tauchen häufig die Nachsilben „-zid“ und „-statisch“ auf. Was bedeuten sie?

-zid: -statisch:

7. Nennen Sie Indikationen zur Flächendesinfektion.

8. Beschreiben Sie den Arbeitsablauf der Flächendesinfektion.

Händedesinfektion

↓

↓

↓

9. Warum ist die Sprüh-Wisch-Desinfektion der Sprühdesinfektion unbedingt vorzuziehen?

↵ Helmut Lange, Ende des Behandlungsfalls

Situation 5 Hygienemaßnahmen nach chirurgischer Behandlung, Sterilisation

Susanne Meier

Frau Dr. Heilmann hat bei Frau Meier eine Wurzelspitzenresektion und eine Zystektomie durchgeführt. Sie haben inzwischen die Patientin verabschiedet und kommen nun ins Behandlungszimmer zurück. Die teils mit Blut kontaminierten Instrumente liegen auf dem Tray.

LF 2, S. 26
LF 3, S. 45
LF 5, S. 66
LF 7, S. 72
LF 8, S. 89
LF 10b, S. 124
LF 12, S. 155

1. Bevor die Instrumente wieder bei einem Patienten benutzt werden können, müssen sie verschiedene Stationen eines sich immer wiederholenden Kreislaufs durchlaufen.
Vervollständigen Sie das Schema.

Benutzung am Patienten

ggf. Verpackung ______

Pflege/Wartung

2. Instrumente sind in der Nomenklatur des Robert-Koch-Instituts „Medizinprodukte". Diese unterliegen einer so genannten Risikobewertung. Je nach Risikogruppe erfolgt die Aufbereitung der Instrumente.
Nennen Sie die drei Haupt-Risikogruppen der Medizinprodukte.

3. Welcher Gruppe von Medizinprodukten müssen die bei der Wurzelspitzenresektion und Zystektomie bei Frau Meier verwendeten rotierenden Instrumente zugeordnet werden?

______

4. Was muss mit den desinfizierten Instrumenten vor der Sterilisation geschehen, die beim nächsten Patienten steril verwendet werden sollen?

5. In der Praxis von Frau Dr. Heilmann wird mit einem Autoklaven sterilisiert. Welche Art von Sterilisation kann in/mit diesem Gerät durchgeführt werden?

6. Es ist wichtig und außerdem gesetzlich vorgeschrieben, dass die Wirkung der Sterilisation überprüft werden muss. Welche Möglichkeiten stehen dazu prinzipiell zur Verfügung?

7. Definieren Sie die Phasen der Sterilisation in einem Autoklaven.

Phase	Definition
Anheizzeit	
	endgültige Sterilisation durch Abtötung aller Keime

Susanne Meier, LF 12, S. 155

Situation 6 Abfallmanagement

Thorben Kammer

Bei Herrn Kammer wurde eine Vitalexstirpation einschließlich Wurzelkanalfüllung am Zahn 14 durchgeführt. Nachdem Sie dem Patienten einen Termin in zwei Monaten zur Besprechung der definitiven Versorgung des Zahnes gegeben haben, gehen Sie ins Behandlungszimmer zurück und entsorgen die benutzen Materialien.

LF 2, S. 24
LF 3, S. 47
LF 4, S. 60
LF 5, S. 63
LF 10b, S. 121

1. Zunächst verschaffen Sie sich einen Überblick. Ordnen Sie die bei der Behandlung benutzten Instrumente den folgenden Gruppen zu.

Einmalinstrumente: ____________________

____

Mehrweginstrumente: ____________________

____

Materialien: ____________________

____

2. Wohin werden diese Materialien und Instrumente sortiert? Schreiben Sie die die passenden Zahlen in die leeren Kästchen.

1 Schrank
2 Hausmüll
3 Abfall für spitze Dinge
4 Instrumentenwanne
5 Bohrerbad
6 Sterilisator/Pflegegerät

☐ Winkelstück grün und rot/Turbine

☐ Kanüle, endodontische Instrumente (Reamer, Feile...)

☐ Spritze, Watterollen, Speichelzieher, Papierspitzen, Kofferdam

☐ Lentulo, Diamant/Bohrer

☐ Wurzelfüllzement, prov. Verschlusszement, Guttaperchaspitzen

☐ Grundbesteck, Heidemann, Zementstopfer, Kofferdamrahmen und -klammern

3. Bei Herrn Kammer wurden während der Wurzelkanalbehandlung mehrere Zahnfilmaufnahmen angefertigt. Beschreiben Sie, wie die Bestandteile eines Zahnfilmpäckchens und die Röntgenchemikalien entsorgt werden.

Kunststoffmantel:

Metallfolie:

Schwarzes Papier:

Röntgenfilm:

Fixierlösung:

Entwicklerlösung:

4. Die genannten Abfälle werden der Abfallgruppe D zugerechnet. Nennen Sie weitere Praxisbeispiele zu Abfällen der Gruppe D.

5. Wo können Sie in der Praxis nachschauen, wie die Maßnahmen zur Abfallentsorgung organisiert sind?

Thorben Kammer, LF 4, S. 60

Lernfeld 4: Kariestherapie begleiten

Situation 1 Mikroskopischer Zahnaufbau, Karies, Amalgamfüllung, Kompositfüllung

Peter König

Herr König hatte einen Termin vereinbart, um seine Zähne nachsehen zu lassen. Er ist schon längere Zeit Patient in der Praxis von Frau Dr. Heilmann. Sie haben ihn in ein Behandlungszimmer begleitet und den von Frau Dr. Heilmann diktierten Befund aufgenommen. Herr König hat mehrere kariöse Zähne.

LF 2, S. 6
LF 3, S. 41
LF 4, S. 49
LF 7, S. 69
LF 8, S. 85
LF 10b, S. 116
LF 12, S. 150

1. Dieses bekannte Schaubild verdeutlicht den Begriff „multikausal" im Zusammenhang mit Karies. Ergänzen Sie die Karies verursachenden Faktoren.

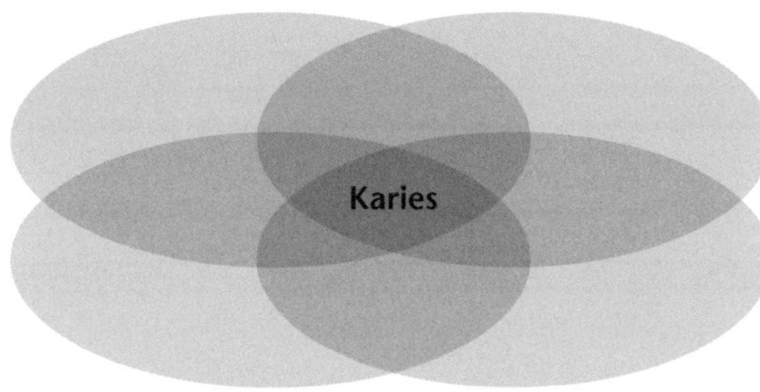

2. Die in Frage 1 genannten Faktoren zur Kariesentstehung sind unterschiedlich stark vom Patienten beeinflussbar. Nennen Sie weitere Faktoren, die die Kariesentstehung begünstigen.

____

____

____

____

____

3. Ordnen Sie den Faktoren, die die Kariesentstehung begünstigen (links) die jeweiligen Maßnahmen zu, die wünschenswert wären.

A Ernährung	äußere Fluoridierung, Prophylaxe ☐
B Mundflora	geeignete Mundhygiene und Zahnpflege ☐
C Plaquebildung	Vermeidung von Plaquebildung, keine längerdauernde Säurezufuhr ☐
D Zahnfehlstellungen	Einschränkung des Zuckerkonsums ☐
E Mundatmung	ausgewogene Ernährung ☐
F Demineralisation	Beseitigung von Polypen, KFO-Behandlung ☐
G Remineralisation	KFO-Behandlung ☐

4. Welche Zahnsubstanzen können an Karies erkranken? Kreuzen Sie an.

- ☐ Schmelz
- ☐ Dentin
- ☐ Pulpa
- ☐ Parodont
- ☐ Wurzelzement

5. Beschriften Sie die Abbildung in Latein und Deutsch und schreiben Sie anschließend drei „Steckbriefe“ zum mikroskopischen Zahnaufbau, indem Sie die Tabelle ausfüllen.

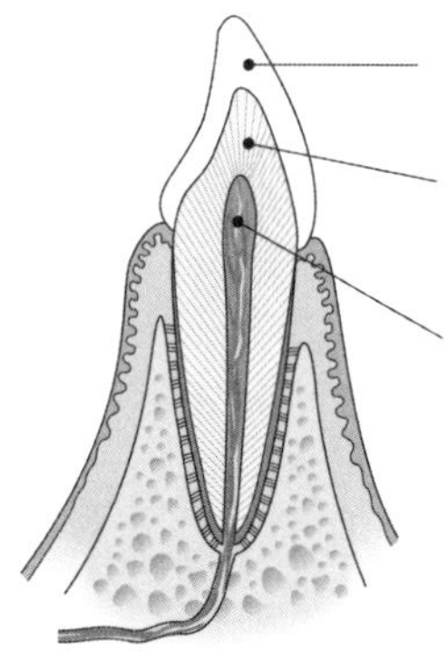

Name	Enamelum	Dentin(um)	Pulpa (dentis)
gebildet durch			
Bestandteile			
Aufbau			
Eigenschaften			
Aufgabe			
Regeneration			

6. Warum breitet sich Karies im Dentin schneller aus als im Schmelz?

____

____

____

7. Erstellen Sie aus den angegebenen Begriffen einen chronologischen Kariesverlauf bis zur Pulpitis.

____	Hyperämie	____	Dentinkaries
1	Materia alba	____	Schmelzkaries
____	Kreidefleck	____	Plaque
____	Pulpitis	____	Caries profunda

8. Nennen sie drei Arten von Mikroorganismen, die für die Entstehung von Karies verantwortlich sind.

____

____

____

9. Wie heißen die Stellen, an denen sich bevorzugt Karies bildet?

____

10. Um welche Stellen handelt es sich? Beschriften Sie die Abbildung.

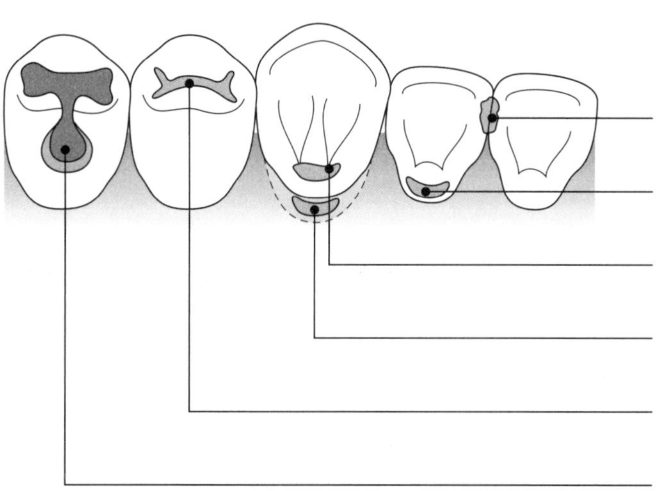

11. Die Füllungstherapie soll am 47 begonnen werden. Herr König hat sich für eine Amalgamfüllung entschieden. Welches sind die Hauptbestandteile von Amalgam?

Flüssigkeit: Quecksilber (Hg)

Alloy (= Pulver) aus:

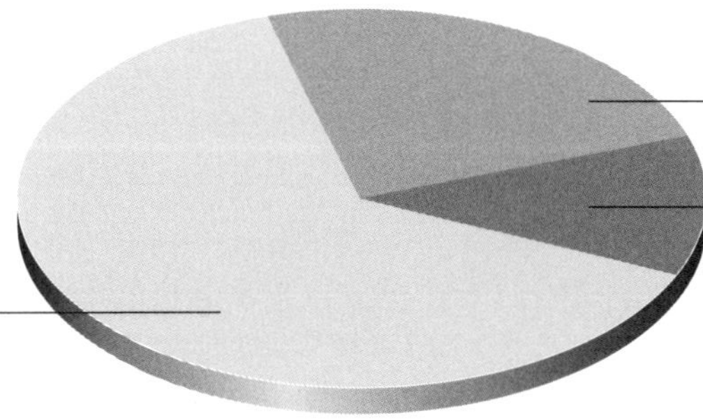

Mischungsverhältnis von Alloy und Hg:

12. Wie nennt man eine Mischung aus verschiedenen Metallen?

13. Nennen Sie die geltenden Einschränkungen und Empfehlungen bezüglich der Verwendung von Amalgam.

Einschränkungen:

Empfehlungen:

14. Nach Präparation der Kavität legt Frau Dr. Heilmann eine Matrize um den Zahn. Wann werden Matrizen bei der Füllungsgestaltung verwendet?

15. Nun mischen Sie für die Unterfüllung einen Phosphatzement an. Nennen Sie die Bestandteile von Phosphatzement.

Flüssigkeit:

Pulver:

16. Frau Dr. Heilmann bringt die Unterfüllung in die Kavität ein. Was soll eine Unterfüllung bewirken?

____

____

17. Nennen Sie weitere Zementarten, die für Unterfüllungen und / oder provisorische Füllungen verwendet werden.

____

____

____

____

____

____

18. Ordnen Sie den Behandlungsschritten bei einer Amalgamfüllung die jeweiligen Instrumente zu.

1 Präparation der Kavität	langsam laufendes Winkelstück mit Rosenbohrer oder Exkavator ☐
2 relative Trockenlegung	diamantierter Schleifkörper in U-Kegel Form ☐
3 Exkavieren	Schnitzinstrument ☐
4 Caries profunda - Behandlung	Turbine/Schnelllaufwinkelstück ☐
5 Unterfüllung	Amalgam, Amalgampistole, Matrizenhalter, Matrizenband, Zylinderstopfer ☐
6 Legen der Füllung	Watterollen, Speichelzieher ☐
7 Gestalten der Füllungsoberfläche	Kalziumhydroxid und Instrument (z. B. kleine Kugel) ☐
	Zinkoxid-Phosphatzement oder GIZ und Instrument (z. B. Zementstopfer, große oder kleine Kugel) ☐

19. Frau Dr. Heilmann erinnert Sie daran, nach Behandlungsende einen neuen Termin zur Endbearbeitung der Amalgamfüllung zu vergeben. Welche Behandlungsschritte werden hierbei ausgeführt und welches Instrumentarium kommt dabei zum Einsatz?

20. Zur Versorgung des Zahnes 44 wünscht Herr König sich eine zahnfarbene Füllung, da diese im sichtbaren Bereich liegt. Die Kavität liegt im kaulasttragenden Bereich, hat also einen okklusalen Anteil. Wäre eine Zementfüllung als Dauerversorgung ausreichend?

21. Über welche Themen müssen Sie und/oder Frau Dr. Heilmann vor der weiteren Behandlung den Patienten unbedingt aufklären?

22. Was versteht man unter einem Komposit?

23. Je nach Größe der Füllkörper unterscheidet man verschiedene Arten von Komposit. Wie heißen die verschiedenen Gruppen?

24. Damit aus dem industriell vorgefertigten plastischen (weichen) Kompositmaterial eine haltbare, harte Füllung wird, muss das Material polymerisieren. Welche zwei Arten gibt es, um diesen Aushärtevorgang zu starten? Was wird jeweils praktisch getan?

25. Was ist bei der Anwendung von lichtpolymerisierbaren Füllungsmaterialien zu beachten?

26. Welche Aussagen zur Adhäsivtechnik sind richtig?

1. Bei der klassischen Säureätztechnik wird ein zerklüftetes Relief (Ätzmuster) am Schmelz der Kavitätenwand erzeugt.
2. Beim totalen Säureätzverfahren erfolgt eine gleichzeitige Konditionierung von Schmelz und Dentin.
3. Als Ätzflüssigkeit dient eine 30-40 %ige Phosphorsäure.
4. Unter Bonding versteht man die Haftvermittlung zwischen geätztem Schmelz (oder Dentin) und Füllungskunststoff.
5. Dentinadhäsive sind Zubereitungen, die das Haften von Kompositfüllungen am Dentin sichern sollen.
6. Freigelegte Dentinkanälchen werden durch Dentinadhäsive verschlossen.

Die Aussagen 1, 3 und 4 sind richtig. ☐

Die Aussagen 2, 3, 5 und 6 sind richtig. ☐

Die Aussagen 1, 2, 4, 5 und 6 sind richtig. ☐

Alle Aussagen sind richtig. ☐

27. Nachdem die Anästhesie wirkt, eröffnet Frau Dr. Heilmann den Defekt, exkaviert die Karies und präpariert am Zahn 44 eine okklusal-distale Kavität. Beim Exkavieren der Karies bemerkt sie, dass sie das Pulpenkavum sehr klein eröffnet hat. Es ist keine Restkaries mehr vorhanden. Welche Behandlung muss jetzt erfolgen?

____

28. Welche chemische Substanz ist als Wirkstoff in vielen handelsüblichen Präparaten, die zur Erhaltung der Pulpa eingesetzt werden, enthalten? Was soll dieser Wirkstoff bewirken?

Substanz: ______________________________

Wirkung: ______________________________

29. Begründen Sie, weshalb Frau Dr. Heilmann in diesem Fall nicht einfach einen eugenolhaltigen Zement als Unterfüllung nimmt.

____

____

____

30. Um weiter arbeiten zu können, möchte Frau Dr. Heilmann das Gebiet trockenlegen. Welche zwei Möglichkeiten der Trockenlegung gibt es? Welche Mittel werden jeweils benötigt?

______________ mithilfe von ______________

______________ mithilfe von ______________

31. Frau Dr. Heilmann bittet Sie, bei Herrn König Kofferdam anzulegen. Was benötigen Sie für diesen Vorgang?

– ______________ – ______________

– ______________ – ______________

– ______________ – ______________

32. Wie müssen Sie den Arbeitsplatz für eine Kompositfüllung vorbereiten?

33. Beschreiben Sie die weiteren Arbeitsschritte beim Legen einer Kompositfüllung.

↓
↓
↓
Bonding auftragen, bei 2-Phasenpräparaten erst Primer, dann Bonding
↓
↓
↓
↓

34. Was bewirkt die „Ätzung" am Zahnschmelz?

35. Die Füllung ist fertig. Damit ist die Sitzung aber noch nicht abgeschlossen.
Ergänzen Sie den Lückentext:

Nach dem Legen der Füllung sind die Bereiche der Kaufläche direkt um die Füllung herum weißlich-opak verfärbt. Dies ist ein Zeichen der ____________________, die durch das Anätzen entstanden ist. Um die angeraute Schmelzoberfläche widerstandsfähiger zu machen, muss sie noch ____________________ werden.

Da Herr König eine cp-Behandlung und eine Anästhesie bekommen hat, benötigt er Verhaltensanweisungen: So lange die Anästhesie noch wirkt, sollte er mit dem ____________________ vorsichtig sein. Hat er die Behandlung als belastend empfunden, kann seine Reaktionsfähigkeit anfangs noch eingeschränkt sein, so dass er nicht gleich aktiv am ____________________ teilnehmen sollte. Bei leichten ____________________ an dem gefüllten Zahn sollte er zunächst abwarten. Falls ____________________ auftreten oder die Füllung ____________________ ist, sollte er sich umgehend melden.

36. Testen Sie Ihr Wissen mit folgendem Rätsel. Die stark umrandeten Felder ergeben ein Lösungswort.

Material zur Trockenlegung										
Wirkstoff im Zement zur „Pulpaberuhigung“										
Materialgruppe für Unterfüllungen										
Art der Trockenlegung										
plastisches Füllmaterial										
Zahnmark										
Haftvermittler										
Mischung von Metallen										

Frau Dr. Heilmann bittet Sie noch, den Zahn 16 zu röntgen, damit das Bild zum nächsten Termin vorliegt, an dem der Zahn extrahiert werden soll.

↵ **Peter König, LF 10b, S. 116**

Situation 2 Füllungstherapie im Milchgebiss

Tina Petermann

Frau Dr. Heilmann hat bei der eingehenden Untersuchung festgestellt, dass Tina an allen Milchmolaren Karies hat. Eine Füllungstherapie ist deshalb nicht zu vermeiden. Damit das kleine Mädchen nicht zu sehr verschreckt wird, sollen alle Arbeitsschritte gut erklärt werden.

LF 2, S. 17
LF 4, S. 58
LF 11, S. 144

1. Benennen Sie die abgebildeten Instrumente kindgerecht.

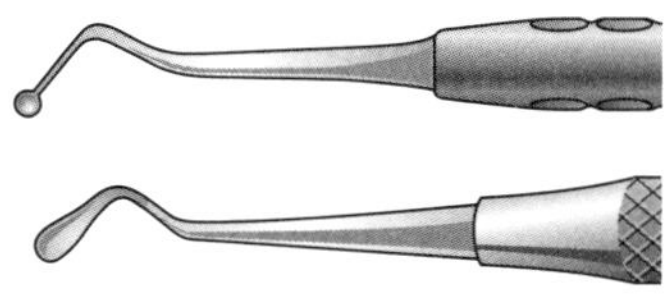

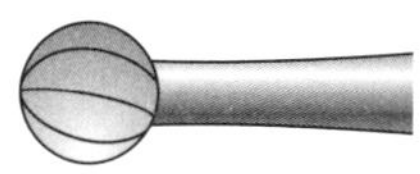

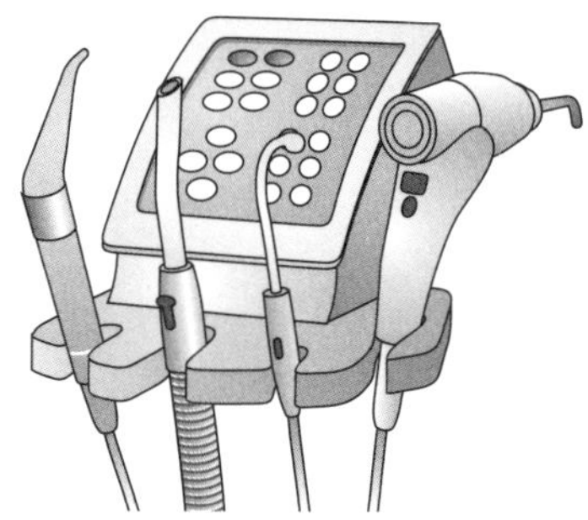

Winkelstück/Turbine:

Absaugkanüle:

Speichelzieher:

Rosenbohrer:

Handexcavator:

2. Nun können die Füllungen gelegt werden. Frau Dr. Heilmann informiert Frau Petermann über die verschiedenen plastischen Füllungswerkstoffe. Welche plastischen Füllmaterialien gibt es?

– –

– – –

3. Welche Materialien kommen davon für die Verwendung bei Milchzähnen bevorzugt in Frage? Begründen Sie Ihre Wahl.

4. Begründen Sie ebenfalls, warum die anderen Materialien bei Tina nicht genommen werden sollten.

Stopfgold –

Amalgam –

5. Frau Petermann stimmt der Verwendung eines Zementes als Füllmaterial zu.
Wählen Sie einen Carboxylat- oder Glasionomerzement aus und beschreiben Sie, wie und mit was Sie das Material vorbereiten, damit Frau Dr. Heilmann die Füllung applizieren kann.

Möglichkeit 1 – Handanmischen:

Möglichkeit 2 – maschinelles Anmischen:

6. Nachdem die Löcher in Tinas Zähnen durch die „Zahnknete" verschlossen worden sind, muss mit „Blaupapier" überprüft werden, ob sie auch wieder richtig zubeißen kann.
Wie nennt man diesen Behandlungsschritt?

Damit Tina nicht wieder so viele Löcher bekommt, soll sie zukünftig regelmäßig die Praxis zur Prophylaxe besuchen. Es wird gleich ein neuer Termin vergeben.

↵ Tina Petermann, LF 11, S. 144

Situation 3 Starre Füllungen

Thorben Kammer

Bei Herrn Kammer wurde vor zwei Monaten erfolgreich eine Wurzelkanalbehandlung an dem Zahn 14 durchgeführt. Da schon sehr viel Zahnsubstanz verloren gegangen ist, schlägt Frau Dr. Heilmann Herrn Kammer vor, den Zahn mit einem Goldinlay zu versorgen. Sie haben eben die Termine mit Herrn Kammer abgesprochen.

LF 2, S. 24
LF 3, S. 47
LF 4, S. 60
LF 5, S. 63
LF 10b, S. 121

1. Herr Kammer fragt Sie, ob das denn reines Gold sei, was er in den Mund bekäme. Nennen Sie den Grund, weshalb das nicht der Fall sein kann.

2. Herr Kammer erkundigt sich, ob es auch andere Materialien für Inlays gibt. Um welche handelt es sich?

3. Was sind die Vorteile von Goldinlays?

4. Sie erklären Herrn Kammer, dass es sich bei Inlays um eine reine private Leistung handelt. Unter welcher Bezeichnung finden Sie die Inlays in der GOZ?

5. Erklären Sie den Unterschied zwischen einem Inlay und einem Onlay.

6. Als Materialien zur Inlayherstellung können Metall, Keramik und Kunststoff verwendet werden. Nennen Sie jeweils deren Vor- und Nachteile.

Materialien	Vorteile	Nachteile
Metall		
Keramik		
Kunststoff		

7. Beschreiben Sie die unterschiedlichen Verfahren zur Inlayherstellung.

direktes Verfahren:

indirektes Verfahren:

8. Wie werden Keramikinlays eingesetzt? Schildern Sie die einzelnen Arbeitsschritte in logischer Folge.

9. Herr Kammer weiß, dass er für die Behandlung zweimal in der Praxis erscheinen muss und erkundigt sich, was in den einzelnen Sitzungen genau vorgenommen wird.

1. Sitzung:

2. Sitzung:

10. Der Zahn ist wurzelkanalbehandelt und kann eigentlich nicht mehr wehtun. Herr Kammer hat ein wenig Angst vor der Spritze und fragt, ob das unbedingt nötig sei.
Beantworten Sie diese Frage.

Thorben Kammer, Ende des Behandlungsfalls

Lernfeld 5: Endodontische Behandlungen begleiten

Situation 1 Anästhesie, Nervensystem, Vitalexstirpation

Thorben Kammer

Herr Kammer erscheint ohne Termin mit ziehenden Zahnschmerzen im rechten Oberkiefer in der Praxis. Frau Dr. Heilmann stellt fest, dass die in dem Zahn 14 vorhandene Füllung gebrochen ist. Auf den Sensibilitätstest reagiert Herr Kammer sehr stark. Aus der Karteikarte ist ersichtlich, dass an diesem Zahn vor einem Jahr eine tiefe Karies behandelt wurde. Es soll sofort eine Wurzelkanalbehandlung durchgeführt werden. Um dem Patienten die Schmerzen zu nehmen, anästhesiert sie das Gebiet um den Zahn.

LF 2, S. 24
LF 3, S. 47
LF 4, S. 60
LF 5, S. 63
LF 10b, S. 121

1. Wie nennt man eine solche Anästhesie?

____

2. Beschreiben Sie die Wirkungsweise.

____

____

____

3. Nachdem Frau Dr. Heilmann die Schleimhaut durchstochen hat, zieht sie zunächst den Spritzenstempel zurück. Wie nennt man dieses Vorgehen?

____

4. Begründen Sie, weshalb das notwendig ist.

____

____

5. Die Zähne im Oberkiefer werden vom 2. Ast des Nervus trigeminus sensibel versorgt. Wie heißt der Nervenast (deutscher und lateinischer Fachbegriff)?

____

6. Beschriften Sie in der folgenden Skizze die Nervenäste.

1	4
2	5
3	6

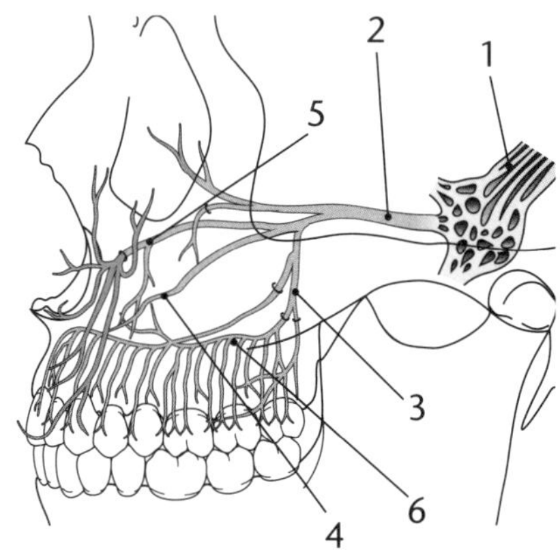

7. Frau Dr. Heilmann hatte festgestellt, dass der Zahn 14 noch vital ist. Die Pulpa ist aber entzündet und kann nicht vital erhalten bleiben. Welche Art Wurzelkanalbehandlung wird durchgeführt?

8. Nachdem die Anästhesie wirkt, führt Frau Dr. Heilmann folgende Behandlungsschritte aus:

– Trepanation (= Eröffnung) des Zahnes mit geradlinigem Zugang zum Wurzelkanal

↓

↓

↓

– Aufbereiten der Wurzelkanäle in mehreren Schritten

↓

↓

↓

↓

Thorben Kammer, LF 10b, S. 121

9. Welche Eigenschaften sollte ein Wurzelfüllmaterial idealerweise haben?

Während der Wurzelbehandlung werden mehrere Röntgenbilder angefertigt.

Thorben Kammer, LF 10b, S. 121

10. Während Herr Kammer beim Röntgen ist, sagt Ihre ältere Kollegin: „Ein Schmerzpatient bringt den Tagesablauf ganz schön durcheinander. Früher hat Frau Dr. Heilmann einfach Toxavit® in den Zahn gelegt und der Patient bekam einen Termin." Nennen Sie Gründe, weshalb eine solche Devitalisierung nicht mehr durchgeführt wird.

Frau Dr. Heilmann verschließt den Zahn 14 mit einer Zementfüllung. Herr Kammer bekommt einen Termin in zwei Monaten. Sollte der Zahn bis dahin schmerzfrei geblieben sein, wird er dann mit einer endgültigen Füllung versorgt.

Thorben Kammer, LF 3, S. 47

Situation 2 Anästhesie, Nervensystem

Susanne Meier

Frau Meier kommt mit einer umschriebenen Schwellung im Bereich der linken Wange in die Praxis. Der Zahn 35 zeigt auf dem Röntgennegativ eine klar abgegrenzte rundliche Aufhellung und ist devital. Frau Dr. Heilmann schlägt vor, eine Wurzelspitzenresektion und gegebenenfalls eine Zystenentfernung durchzuführen. Das ist Frau Meier nicht ohne Anästhesie zuzumuten.

LF 2, S. 26
LF 3, S. 45
LF 5, S. 66
LF 7, S. 72
LF 8, S. 89
LF 10b, S. 124
LF 12, S. 155

1. Welche Art der Lokalanästhesie wird hier vermutlich angewandt?

2. Beschriften Sie die Abbildung.

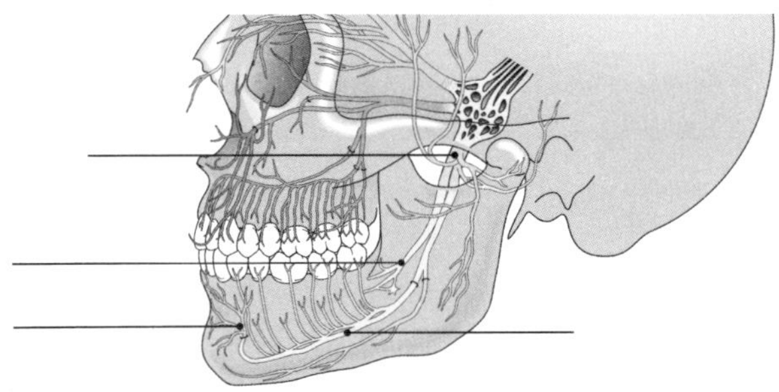

3. Wo nimmt Frau Dr. Heilmann die Anästhesie des Nervenstammes bei Frau Meier vor?

4. Um welchen Ast von welchem Hirnnerven handelt es sich dabei?

5. Das verwendete Anästhetikum enthält einen gefäßverengenden Zusatz. Welcher Wirkstoff wird üblicherweise dafür verwendet?

6. Was bewirkt die Gefäßverengung im Operationsgebiet?

↵ Susanne Meier, LF 8, S. 89

Situation 3 Folgen einer Pulpitis, Gangrän

Helmut Lange

Herr Lange leidet unter einer starken Schwellung im Bereich der rechten Wange und unterhalb des Unterkiefers. Der betroffene Zahn war besonders schmerzhaft, als Herr Lange am Morgen heißen Kaffee trinken wollte. Die Schwellung ist rötlich druckschmerzhaft und verschieblich. Die Diagnose lautet „submuköser Abszess". Frau Dr. Heilmann will den Zahn 44 zunächst trepanieren und danach eine Abszessinzision durchführen.

LF 2, S. 31
LF 3, S. 43
LF 5, S. 67
LF 7, S. 75
LF 8, S. 94
LF 10a, S. 103
LF 10b, S. 126
LF 12, S. 157

1. Herr Lange möchte wissen, warum der Zahn nicht gleich gezogen wird. Geben Sie die Antwort.

2. Frau Dr. Heilmann erklärt Herrn Lange, dass der Zahn abgestorben sei und sie den Zahn öffnen müsse. Nennen Sie die einzelnen Stadien.

3. Welche Instrumente und Materialien müssen Sie bereitlegen, damit die Trepanation durchgeführt werden kann?

4. Vor Beginn der Trepanation, bittet Herr Lange um eine Anästhesie. Frau Dr. Heilmann sagt, dass dies nicht nötig sei. Herr Lange schaut ungläubig, aber Frau Dr. Heilmann hat Recht. Schreiben Sie eine Begründung.

↵ Helmut Lange, LF 8, S. 94; Abszesseröffnung

5. Nach der erfolgten Behandlung ist Herr Lange erleichtert und annähernd beschwerdefrei. Zu welchen Folgen hätte es führen können, wenn die Behandlung unterblieben wäre?

→ →

6. Beim Verabschieden fragt Herr Lange, ob eine Entzündung vorgelegen habe. Frau Dr. Heilmann antwortet: „Ja, denn der Schmerz ist ein typisches Zeichen für eine Entzündung". Welches sind die weiteren typischen Entzündungsmerkmale?

deutsch	lateinisch
Schmerz	Dolor

Abschließend geben Sie Herrn Lange einen Termin zur Behandlung der Entzündung seines Zahnhalteapparates.

↵ Helmut Lange, LF 10a, S. 103

Lernfeld 7: Zwischenfällen vorbeugen und in Notfallsituationen Hilfe leisten

Situation 1 Aufbau und Funktion des Herzens

Peter König

Herr König hat im Anamnesebogen angegeben, dass er vor einem Jahr eine künstliche Herzklappe bekommen hat. Frau Dr. Heilmann verordnet ihm deshalb vor der Extraktion des Zahnes 16 ein Antibiotikum. Ein solches Vorgehen nennt man „Notfallprophylaxe".

LF 2, S. 6
LF 3, S. 41
LF 4, S. 49
LF 7, S. 69
LF 8, S. 85
LF 10b, S. 116
LF 12, S. 150

1. Beschriften Sie die vier Klappen des Herzens wie vorgegeben.

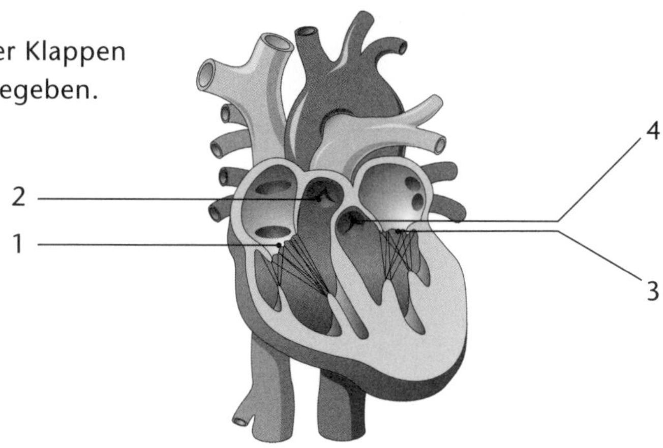

1	Tricuspidalklappe	verbindet	
2		verbindet	
3		verbindet	linken Vorhof und linke Kammer
4		verbindet	

2. Beschriften Sie das Reizleitungssystems des Herzens.

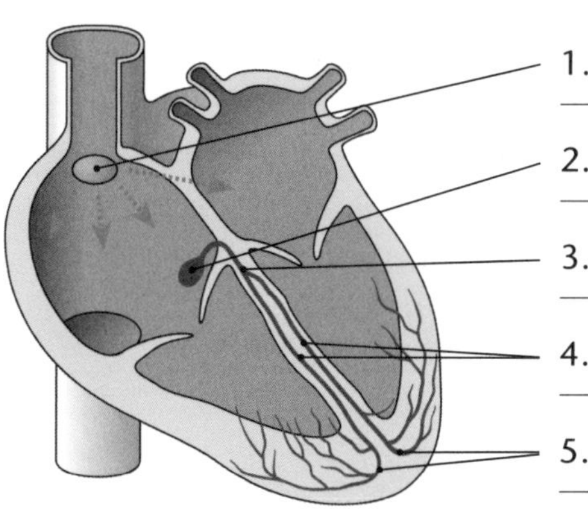

5. Welche Funktion haben die mit 1. und 2. beschrifteten Strukturen?

1: ______________________________

____

____

2: ______________________________

____

____

3. Bearbeiten Sie den Lückentext über das Herz.

Das Herz ist das zentrale Organ des ______________. Es ist ein Hohlorgan, genauer gesagt ein ______________, der sich ständig ______________ und wieder erschlafft. Dadurch kann das ______________ mit jedem Herzschlag durch den Körper gepumpt werden.

Das Herz wird durch eine längsverlaufende ______________ in eine rechte und linke Hälfte unterteilt. Beide Herzhälften bestehen aus je zwei Hohlräumen, dem ______________ und der ______________. Die linke Herzkammer ist erheblich stärker ausgebildet, denn sie muss das Blut in den ______________ pumpen. Die rechte Herzkammer ist schwächer und pumpt das Blut in den ______________.

Vorhöfe und Kammern stehen durch ______________ miteinander in Verbindung. Der rechte Vorhof ist mit der ______________ Kammer durch die ______________ ______________ verbunden. Zwischen linkem Vorhof und ______________ Kammer wird die Verbindung durch die ______________ ______________ hergestellt.

Das Herz besitzt außerdem zwei so genannte ______________, die sich zwischen den Herzkammern und den sich daran anschließenden Gefäßen, den ______________, befinden.

Die Klappe zwischen rechter Herzkammer und der Lungenarterie wird ______________________

genannt, die Klappe zwischen der linken Herzkammer und der Aorta wird

______________________ genannt

Damit man die Pumptätigkeit des Herzens vollständig verstehen kann, muss klar sein, durch welche Blutgefäße das Blut in das Herz hineinströmt und durch welche Gefäße es das Herz wieder verlässt:

Das Blut strömt aus den Armen und dem oberen Teil des Körpers durch die

______________________, aus den Beinen und dem unteren Teil des Körpers durch die

______________________ in den ______________________. Von dort gelangt es in die

______________________. Über die ______________________, die sich nach rechts und links

verzweigt, gelangt das immer noch ______________________ Blut aus der

______________________ in die ______________________. Von dort fließt es durch

die ______________________, die ______________________ Blut führen, in den

______________________. Anschließend gelangt das Blut in die ______________________, die

es in die ______________________ und damit in den gesamten Körper pumpt.

4. Verfolgen Sie den in dem eben bearbeiteten Text beschriebenen Blutfluss in der folgenden Schemazeichnung. Malen Sie venöses/kohlendioxdhaltiges Blut führende Gefäße mit Blau und arterielles/sauertoffreiches Blut führende Gefäße mit Rot an.

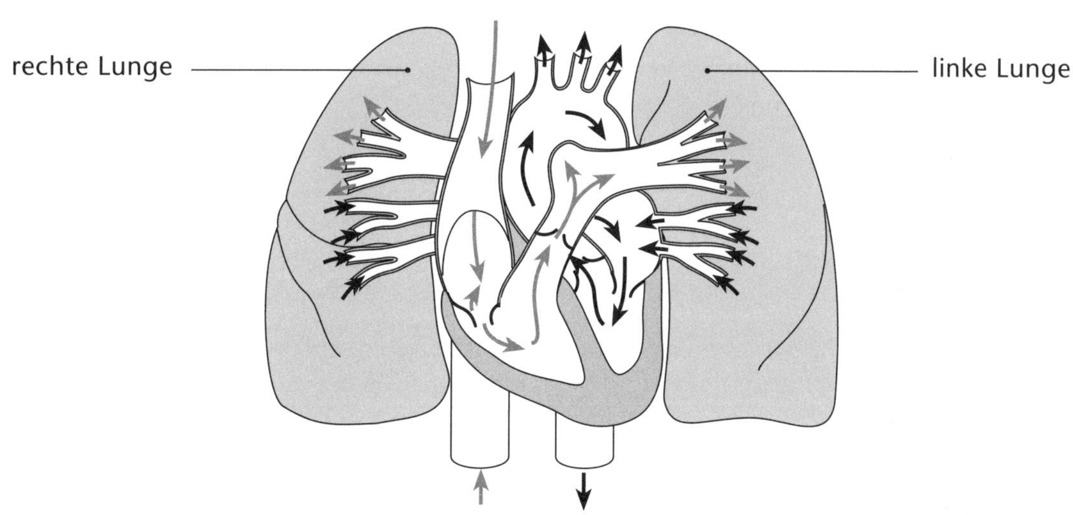

Peter König, LF 8, S. 85

Situation 2 Zwischenfälle, Kreislaufsystem

Susanne Meier

Bei Frau Meier wurde eine Wurzelspitzenresektion mit Zystenentfernung vorgenommen. Der Eingriff hat einige Zeit gedauert. Frau Meier ist froh, dass Frau Dr. Heilmann endlich fertig ist, denn sie spürt schon seit einiger Zeit Druck auf ihrer Blase. Deshalb möchte sie nun dringend die Toilette aufsuchen. Sie springt auf – und sackt vor dem Behandlungsstuhl zusammen.

LF 2, S. 26
LF 3, S. 45
LF 5, S. 66
LF 7, S. 72
LF 8, S. 89
LF 10b, S. 124
LF 12, S. 155

1. Welcher Sonderfall des Kreislaufkollapses liegt bei Frau Meier vor?

____

2. Beschreiben Sie die Pathophysiologie dieses Vorgangs.

↓

↓

3. Welche Maßnahmen treffen Sie?

____

____

4. Übersetzen Sie die Begriffe.

Bluthochdruck heißt: ______________________________

niedriger Blutdruck heißt: ______________________________

5. Geben Sie die Blutdruckwerte an.

Blutdruckwert	systolisch in mmHg	diastolisch in mmHg
Normalwert Erwachsener		
Grenzwert zur Hypertonie		
Hypertonie		

6. Bei einem Kreislaufversagen wird oft der Puls gemessen, um dadurch auf die Anzahl der Herzschläge pro Minute schließen zu können. Tragen Sie die durchschnittlichen Pulswerte in die Tabelle ein:

Säugling/Kleinkind	
Schulkind	
Jugendlicher/Erwachsener	

7. Nennen Sie die Bezeichnungen für (krankhaft) veränderte Pulswerte:

erhöhter Puls (> 100 / min) –

niedriger Puls (< 60 / min) –

8. Zählen Sie die für die Pulsmessung geeigneten Stellen auf.

9. In einer Notfallsituation sollten Sie den orthostatischen Kollaps von einem Volumenmangelschock unterscheiden können. Definieren Sie den Begriff Schock.

10. Um die Schwere eines Schocks festzustellen, kann man den Schockindex berechnen. Geben Sie die dazu benötigte Formel an.

Schockindex =

11. Nennen Sie die verschiedenen Schockarten.

____

____

____

____
____

____
____

12. Gerät ein Patient in einen Schock, kann es je nach Schwere zu einem Atem- und/oder einem Herz-Kreislauf-Stillstand kommen. Dann müssen lebensrettende Sofortmaßnahmen ergriffen werden. Was bedeuten die Buchstaben der ABC-Regel?

A – ______________________

B – ______________________

C – ______________________

↵ Susanne Meier, LF 8, S. 92, Wurzelspitzenresektion

Situation 3 Blutgefäße, Thrombose und mögliche Folgen

Helmut Lange

Herr Lange ist ein älterer Patient. Es ist bekannt, dass er vor drei Jahren einen Schlaganfall hatte. Ein Schlaganfall entsteht nicht so plötzlich, wie es oft aussieht. Herr Lange hat bis vor wenigen Jahren noch intensiv geraucht. Er erzählt, dass er erst seit seinem Schlaganfall vernünftig geworden sei. Frau Dr. Heilmann nimmt das Thema in die nächste Teambesprechung mit auf.

LF 2, S. 31
LF 3, S. 43
LF 5, S. 67
LF 7, S. 75
LF 8, S. 94
LF 10a, S. 103
LF 10b, S. 126
LF 12, S. 157

1. Nennen Sie mögliche Risikofaktoren eines Schlaganfalls.

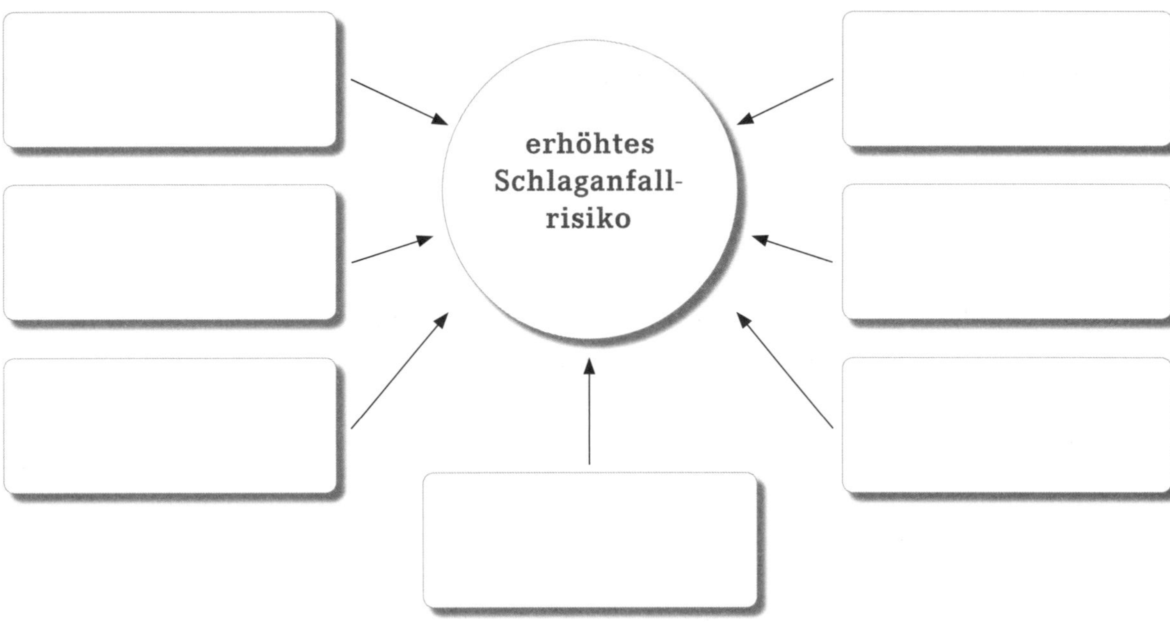

2. Was bewirken diese Risikofaktoren?

3. Nennen Sie die drei Arten von Blutgefäßen und ihre Aufgaben.

Blutgefäß	Aufgabe

4. Wenn sich an rauen Stellen einer Arterieninnenwand ein Blutgerinnsel bildet, nennt man dieses Gerinnsel „Thrombus". Schildern Sie die Schritte bei der Entstehung einer Thrombose.

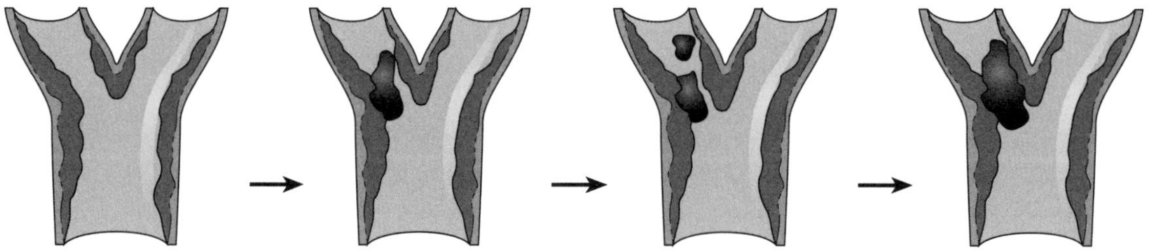

5. Wie nennt sich ein in die Blutbahn verschleppter Thrombus?

6. Ein Arterienverschluss in einem der drei lebenswichtigen Organe führt zu einer Embolie. Nennen Sie die Organe und die entsprechenden Krankheitsbezeichnungen.

Organ	Name der Krankheit

7. Woran müssten Sie denken, wenn Herr Lange über folgende Symptome klagt: Kribbeln im linken Unterkiefer und leichtes Taubheitsgefühl wie bei einer Anästhesie, verschwommenes Sehen, der linke Arm lässt sich nicht richtig heben?

8. Was müssten Sie dann veranlassen?

9. Zum Notruf gehört ein Meldeschema mit fünf „W-Fragen". Wie lauten die Fragen, die Sie in diesem Fall beantworten müssten?

W

W

W

W

W

10. Wie ist ein Patient mit Schlaganfallverdacht zu lagern, wenn er bewusstlos wird, Atmung und Kreislauf aber funktionieren?

11. Wird ein Patient mit Herzinfarktverdacht in einer solchen Situation genau so gelagert? Begründen Sie.

12. Zur Schlaganfallprophylaxe nimmt Herr Lange ein die Gerinnung hemmendes Medikament. Nennen Sie drei gängige Methoden, die Blutgerinnung zu hemmen.

13. Bei Herrn Lange stehen chirurgische Behandlungsmaßnahmen an. Was muss Frau Dr. Heilmann im Hinblick auf die Schlaganfallprophylaxe tun?

↵ **Helmut Lange, LF 5, S. 67, Pulpitis**

Situation 4 Atmungssystem, Erkrankungen, Notfallsituationen

Erika Lange

Heute hat Frau Dr. Heilmann eine Teambesprechung einberufen. Unter anderem geht es um die Patientin Frau Lange, die an einer schweren Asthmaerkrankung leidet. Frau Dr. Heilmann nutzt das Thema, um die Kenntnisse aller Anwesenden über das Atmungssystem und damit verbundene Zwischenfälle in der Zahnarztpraxis aufzufrischen.

LF 2, S. 32
LF 7, S. 78
LF 10a, S. 100
LF 12, S. 161

1. Zeichnen Sie die Anteile des Atmungssystems verschiedenfarbig an und benennen Sie sie.

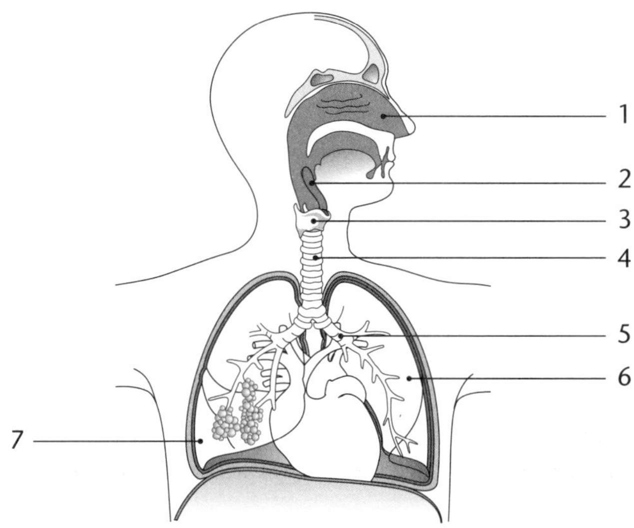

Struktur	Bezeichnung
	obere Atemwege
1	
2	
	untere Atemwege
3	
4	
5	
	Atmungsorgan
6	
7	

2. Ergänzen Sie den Lückentext zu den Atemwegen.

Die Nase bildet mit ihren ____________________ den Eingang zum Atmungstrakt. Sie besteht sowohl aus knorpeligen als auch aus ____________________ Anteilen und ist außen von ____________________ überzogen. Ausgekleidet ist die Nase mit ____________________, die die Luft ____________________ (dazu dienen die Becherzellen), ____________________ (dazu dienen die Flimmerhärchen) und ____________________ (dazu dienen die zahlreichen Blutgefäße).

Der Innenraum der Nase wird durch die ____________________ in eine rechte und linke ____________________ geteilt. In die beiden Nasenhöhlen ragen seitlich drei ____________________ (= Conchae nasales) in das Naseninnere, die die Oberfläche der Nasenhöhle vergrößern (damit diese ihre Aufgaben besser wahrnehmen kann). Die Nasenmuscheln bilden durch ihre längliche Form drei ____________________. Die mittleren und oberen Nasengänge stehen in Verbindung mit den luftgefüllten und mit Schleimhaut ausgekleideten ____________________ (= Sinus). Dazu zählen die ____________________ (= Sinus frontalis), die ____________________ (= Sinus sphenoidalis), die ____________________ (= Cellulae ethmoidales) und die ____________________ (= Sinus maxillaris). Eine weitere Verbindung besteht über den Tränennasengang zum Auge. Auf diesem Weg fließt die Tränenflüssigkeit ab, wenn mehr produziert wird, als zum Feuchthalten des Auges notwendig ist. Dann „läuft" die Nase.

Die Kieferhöhle ____________________ reicht beim Erwachsenen bis zu den Wurzeln der oberen Molaren, von denen sie häufig nur durch eine dünne Knochenlamelle getrennt ist. Von einer Entzündung im Bereich der Wurzelspitze eines oberen Seitenzahns kann daher eine ____________________ (= Sinusitis) verursacht werden. Bei der ____________________ eines ____________________ Seitenzahnes kann die dünne Knochenlamelle zur Kieferhöhle brechen.

Es entsteht eine Verbindung zwischen ____________________, die Mund-Antrum-Verbindung ____________________ genannt wird und verschlossen werden muss.
Krankheitserreger können von der Nase und ihren Nebenhöhlen zum Mund und umgekehrt wandern.

Die ____________________ öffnet sich nach hinten an den Choanen zum Rachen.
Unterhalb des Nasenrachens geht die ____________________ (= Cavum oris) an der ____________________ (= Isthmus faucium) in den Rachen über. An diesem Übergang dienen die paarigen ____________________ (= Tonsilla palatina) der Abwehr von Krankheitserregern.

Im Mundrachen kreuzen sich Atem- und ____________________. Der zunächst hinten gelegene ____________________ gelangt dabei nach vorne. Somit liegt die Speiseröhre ____________________ der Luftröhre.
Nach unten öffnet sich der ____________________ zum Kehlkopf und zur Speiseröhre. Damit die Speise auch wirklich in letztere hinein gelangt, legt sich der ____________________ (= Epiglottis) über den Eingang zum Kehlkopf und verhindert dadurch das „Verschlucken“.
Sollten während der Behandlung doch einmal Zahn- oder Füllungsreste oder gar ungesicherte endodontische Instrumente in „den falschen Hals“ (d. h. in die Luftröhre) kommen, spricht man von der „____________________ eines Fremdkörpers“. Dies ist immer ein Notfall, der in ein Krankenhaus überwiesen werden muss.

3. Die drei wesentlichen Störungen des Atmungssystems in der Zahnarztpraxis sind Hyperventilation, Aspiration und Asthma bronchiale. Ergänzen Sie für jedes Krankheitsbild die folgenden Angaben.

Hyperventilation

Definition: ______________________

Ursache: ______________________

____

____

____

Symptome: ______________________

____

____

____

____

____

Therapie: ______________________

____

____

____

____

____

Asthma

Definition: ______________________

____

Ursache: ______________________

____

____

Symptome: ______________________

____

____

____

____

____

Therapie: ______________________

____

____

____

____

____

Aspiration

Definition: ______________________

____

Ursache: ______________________

____

Symptome: ______________________

____

____

____

Therapie: ______________________

____

Frau Dr. Heilmann bittet abschließend bei der anstehenden Unterfütterungsabformung bei Frau Lange zu beachten, dass Abformungen niemals am liegenden Patienten genommen werden, da die Gefahr einer Aspiration dann immer viel höher ist.

Erika Lange, LF 2, S. 33

Lernfeld 8: Chirurgische Behandlungen begleiten

Chirurgische Instrumente im Überblick

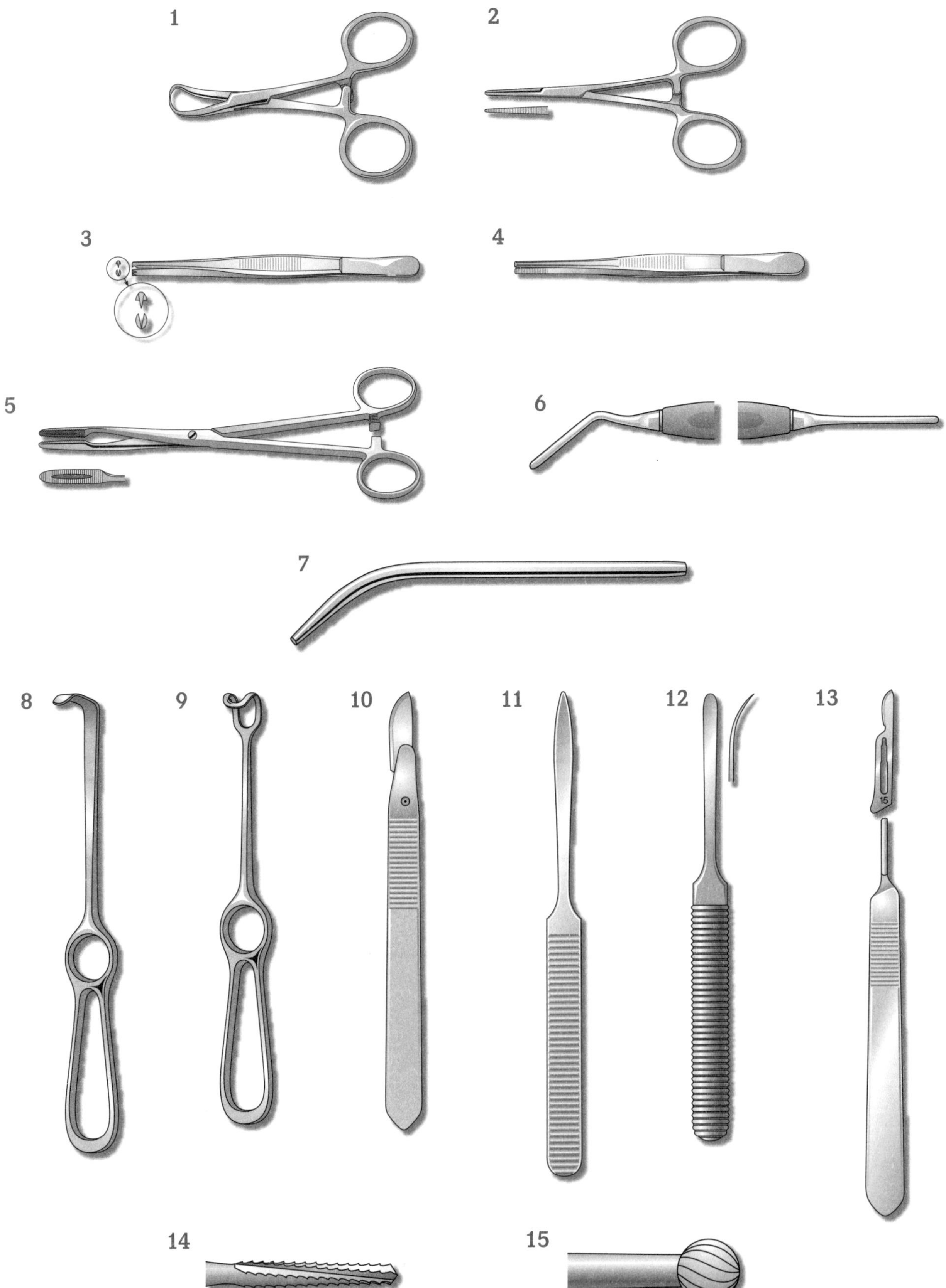

16
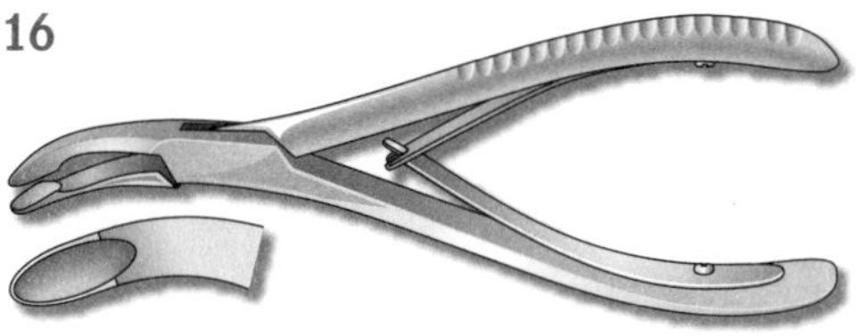

17
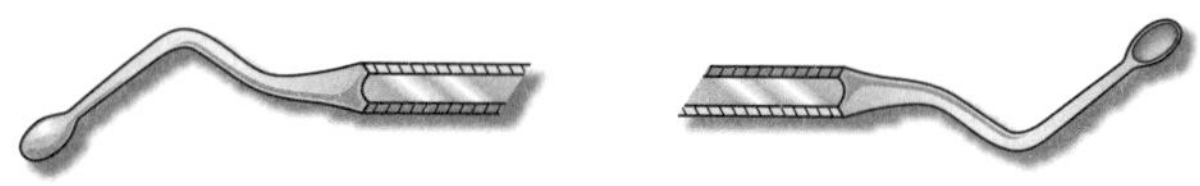

18
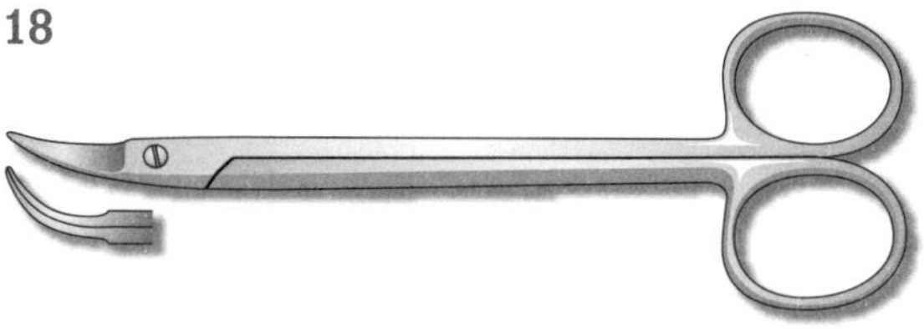

19

20
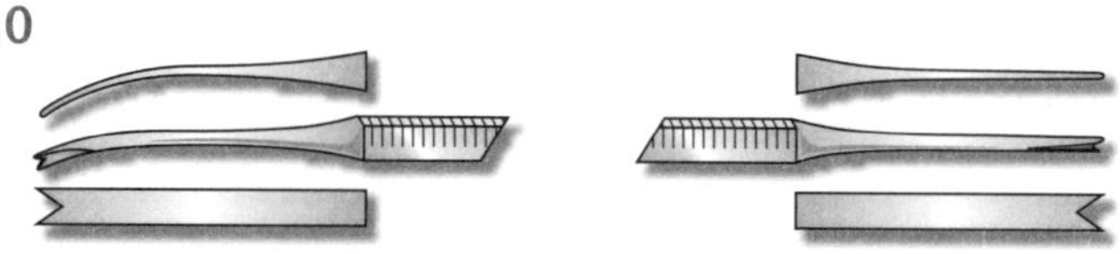

21
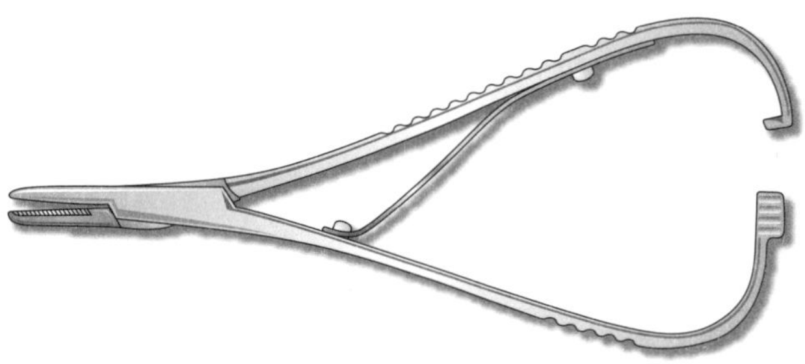

22
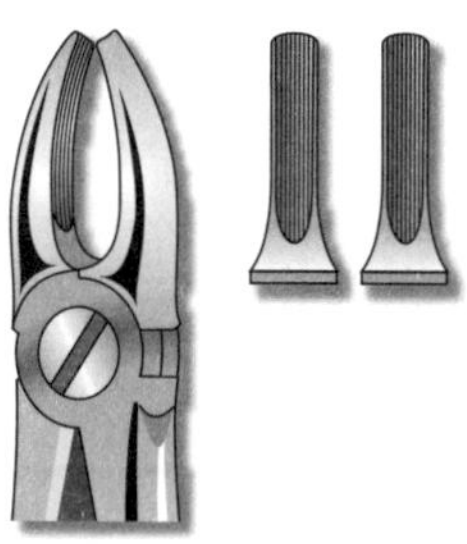

23
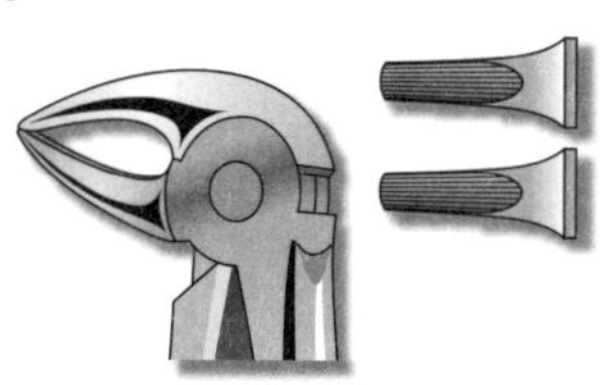

24
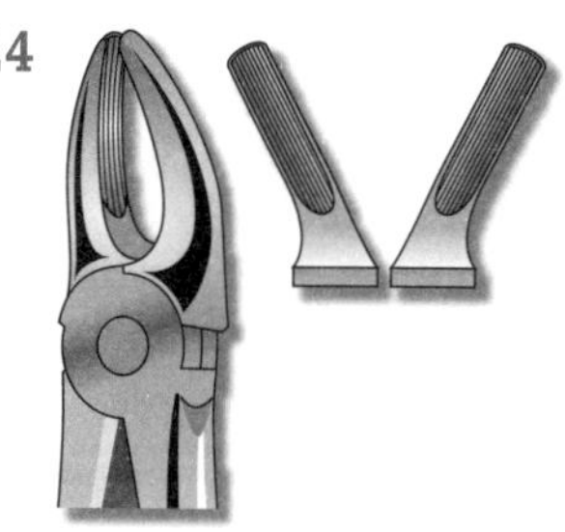

25
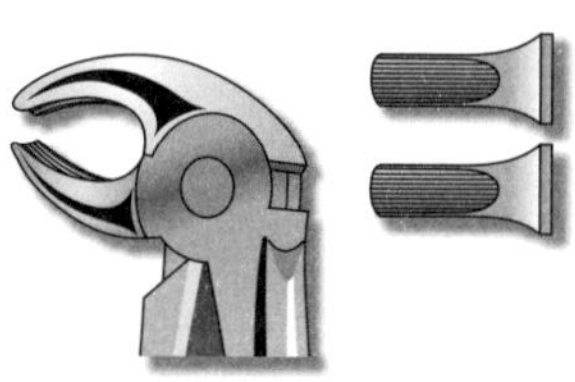

26

27
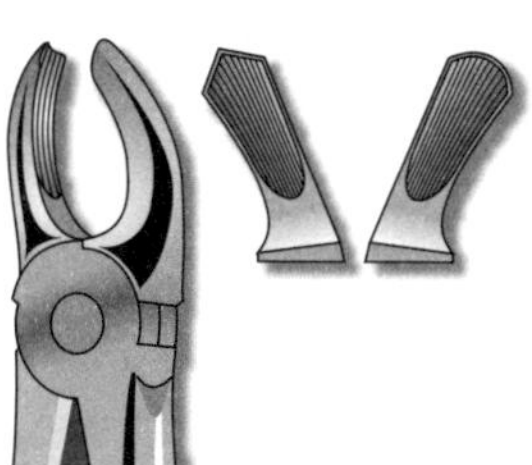

28

Situation 1 Dentitio difficilis

Jessica Schröder

Frau Schröder kommt mit starken Schmerzen im hinteren linken Unterkiefer in die Praxis. Die Untersuchung ergibt, dass der Zahn 38 nicht vollständig durchgebrochen ist und deshalb die Schmerzen verursacht. Nur der mesiale Höcker ragt in die Mundhöhle; die Schleimhaut über dem Zahn ist entzündet, geschwollen und sehr schmerzhaft.

LF 2, S. 10
LF 8, S. 84
LF 10a, S. 98
LF 10b, S. 136

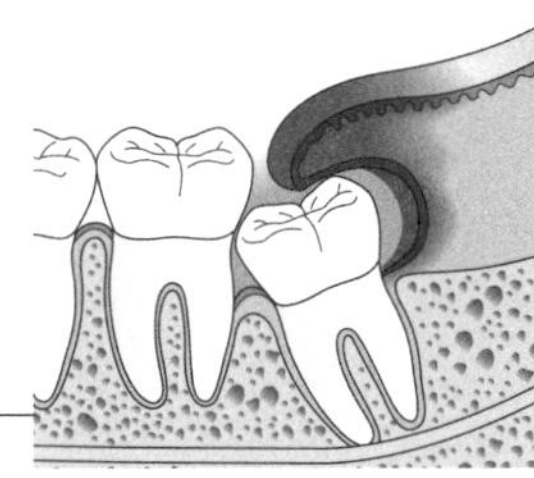

1. Mit welchem Ausdruck lässt sich die Lagesituation des Zahnes 38 bei Frau Schröder beschreiben?

2. Wie lautet der Fachbegriff für dieses Beschwerdebild?

3. Welche initiale Therapie führt Frau Dr. Heilmann durch?

4. Nennen Sie die Instrumente und Materialien, die Sie für diese Therapie vorbereiten müssen.

5. Womit entfernt Frau Dr. Heilmann die Schleimhautkapuze über dem Zahn? Es gibt mehrere Möglichkeiten.

6. Welche Maßnahmen müssen ergriffen werden, falls es in der Folge nicht zu einem vollständigen Durchbruch des Zahnes kommt?

↵ Jessica Schröder, LF 10a, S. 98

Situation 2 Extraktion, Analgetika

Peter König

Bei der eingehenden Untersuchung des Gebisses von Herrn König hat Frau Dr. Heilmann mehrere kariöse Zähne sowie den zerstörten Zahn 16 diagnostiziert. Die konservierende Therapie ist beim ersten Termin abgeschlossen worden. Frau Dr. Heilmann möchte beim nächsten Termin den Zahn 16 extrahieren. Auf dem Anamnesebogen steht, dass Herr König vor einem Jahr eine künstliche Herzklappe bekommen hat und seitdem ein blutverdünnendes Medikament einnimmt.

LF 2, S. 6
LF 3, S. 41
LF 4, S. 49
LF 7, S. 69
LF 8, S. 85
LF 10b, S. 116
LF 12, S. 150

1. Um welches blutverdünnende Medikament könnte es sich handeln? Geben Sie mehrere Beispiele.

2. Welche Maßnahmen müssen in Hinblick auf die Krankenvorgeschichte bei Herrn König ergriffen werden?

Peter König, LF 7, S. 69

Am vereinbarten Termin erscheint Herr König pünktlich in der Praxis, um den Zahn 16 entfernen zu lassen.

3. Bereiten Sie ein Tray für die Extraktion vor, indem Sie die Nummern der in der Übersicht auf den Seiten 82/83 abgebildeten Instrumente auflisten. Welche benötigten Instrumente und Materialien sind dort nicht aufgeführt?

4. Bei dem Versuch der Extraktion bricht der Zahn 16 ab und muss operativ entfernt werden. Wie lautet die wissenschaftliche Bezeichnung für die operative Zahnentfernung?

____

5. Welche Instrumente und Materialien müssen Sie jetzt zusätzlich auf das Extraktionstray legen? Geben Sie wieder die Nummern der Instrumente aus der Übersicht von S. 82/83 an.

____

6. Ordnen Sie den folgenden Arbeitsschritten die jeweils benötigten Instrumente zu, indem Sie auf der rechten Seite die passenden Nummern eintragen.

Arbeitsschritte	Instrumente
1 Schleimhautschnitt	☐ Scharfer Löffel
2 Abpräparieren und Abhalten des Muko-Periostlappens	☐ Krallenhebel
3 Abtragen des Knochens	☐ Zange nach Luer
4 Entfernung der Wurzelreste	☐ Raspatorium, Wundhaken
5 Auskratzen der Wunde	☐ Handstück und Fräse
6 Glättung scharfer Knochenkanten	☐ Skalpell

7. Was ist der Unterschied zwischen der Osteotomie 1 und der Osteotomie 2?

Ost 1 = ______________________________

Ost 2 = ______________________________

8. Bei dem Eingriff wird die Kieferhöhle eröffnet. Wie nennt sich diese Eröffnung?

____

9. Durch welche Maßnahmen kann sie diagnostiziert werden?

____

____

10. Wie nennt sich der Verschluss dieser Eröffnung?

11. Warum muss eine eröffnete Kieferhöhle wieder verschlossen werden?

12. Bei welchen chirurgischen Eingriffen kann es zur Eröffnung der Kieferhöhle kommen?

13. Welche der aufgeführten Verhaltensregeln geben Sie Herrn König für den ersten Tag nach der Zahnentfernung mit auf den Weg? Kennzeichnen Sie die richtigen Antworten mit einem „+“ , die falschen mit einem „–“. Begründen Sie jeweils Ihre Entscheidung.

- ☐ nach dem Zähneputzen kräftig mit Wasser ausspülen
- ☐ nicht rauchen
- ☐ keinen Früchtetee trinken
- ☐ keinen Alkohol trinken
- ☐ keinen Kaffee trinken
- ☐ bei Nachblutungen sofort die Praxis aufsuchen
- ☐ nicht die Zähne putzen
- ☐ keine körperliche Anstrengung
- ☐ Sonnenbaden ist grundsätzlich erlaubt

14. Herr König erscheint am nächsten Tag gleich zu Beginn der Sprechstunde mit einer heftigen Nachblutung in der Praxis. Welche Instrumente und Materialien bereiten Sie vor, damit die Nachblutung gestillt werden kann?

Analgetika

15. Welche analgetischen (schmerzlindernden) Wirkstoffe können Herrn König nach dem Eingriff empfohlen bzw. verordnet werden?

16. Welche zwei weiteren Wirkungen haben die wichtigsten peripher wirkenden Analgetika noch?

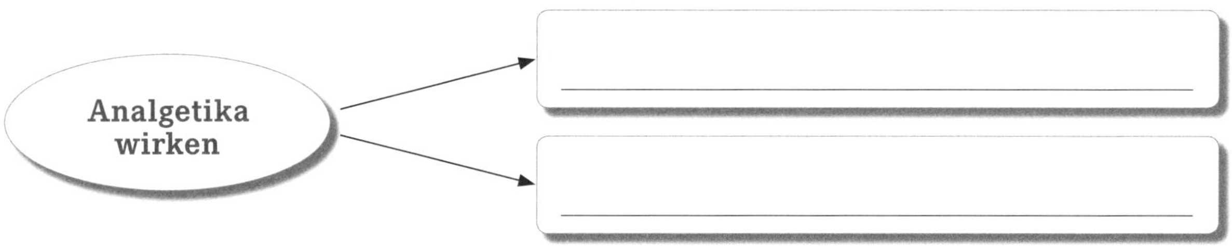

17. Welche Arzneimittelform des Analgetikums wählt Frau Dr. Heilmann für Herrn König aus?

18. Welche Arzneimittelform käme dagegen für ein Kleinkind in Betracht? Begründen Sie die Entscheidung.

19. Bereiten Sie ein Kassenrezept für ein Analgetikum unterschriftsreif vor, das den Wirkstoff „Ibuprofen" in einer Menge von 600 mg pro Tablette enthält (Inhalt der Packung: 20 Tabletten). Der Patient soll maximal 3 Tabletten pro Tag einnehmen.

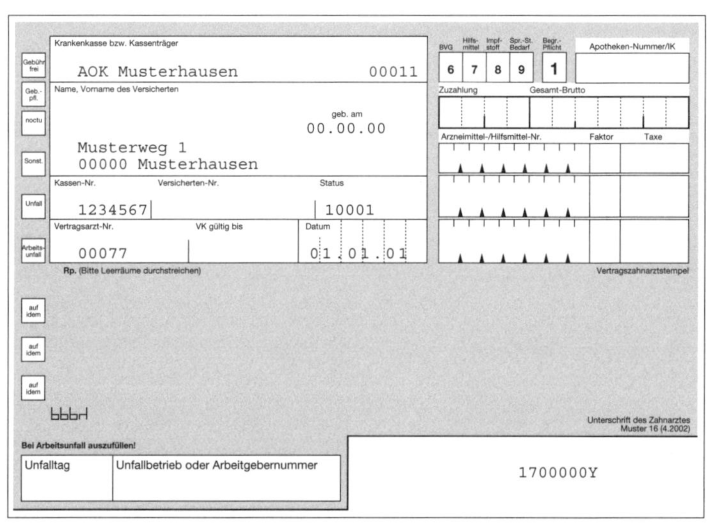
Gebühr frei
Geb.-pfl.
noctu
Sonst.
Unfall
Arbeitsunfall
Krankenkasse bzw. Kassenträger
AOK Musterhausen 00011
Name, Vorname des Versicherten
geb. am 00.00.00
Musterweg 1
00000 Musterhausen
Kassen-Nr. 1234567
Versicherten-Nr.
Status 10001
Vertragsarzt-Nr. 00077
VK gültig bis
Datum 01.01.01
BVG 6 | Hilfsmittel 7 | Impfstoff 8 | Spr.-St. Bedarf 9 | Begr.-Pflicht 1
Apotheken-Nummer/IK
Zuzahlung
Gesamt-Brutto
Arzneimittel-/Hilfsmittel-Nr.
Faktor
Taxe
Rp. (Bitte Leerräume durchstreichen)
Vertragszahnarztstempel
aut idem
aut idem
aut idem
Unterschrift des Zahnarztes
Muster 16 (4.2002)
Bei Arbeitsunfall auszufüllen!
Unfalltag
Unfallbetrieb oder Arbeitgebernummer
1700000Y

Peter König, LF 12, S. 150

Situation 3 Wurzelspitzenresektion, Zysten, Antibiotika

Susanne Meier

Frau Meier kommt mit einer umschriebenen Schwellung im Bereich der linken Wange in die Praxis. Der Zahn 35 zeigt auf dem Röntgennegativ eine klar abgegrenzte rundliche Aufhellung und ist devital. Als Verdachtsdiagnose ergibt sich eine Zyste. Frau Dr. Heilmann schlägt vor, eine Wurzelspitzenresektion und gegebenenfalls eine Zystenentfernung durchzuführen.

LF 2, S. 26
LF 3, S. 45
LF 5, S. 66
LF 7, S. 72
LF 8, S. 89
LF 10b, S. 124
LF 12, S. 155

1. Welche Arten von Zysten unterscheidet man?

2. Um welche Art von Zyste handelt es sich im Fall von Frau Meier?

3. Welche beiden operativen Verfahren der Zystenentfernung unterscheidet man?

Z Z

4. In welchen Fällen werden diese Verfahren jeweils angewendet?

5. Erläutern Sie den Unterschied beim operativen Vorgehen zwischen den beiden Arten der Zystenentfernung.

6. Welches Vorgehen ist bei der folgenden Abbildung jeweils dargestellt?

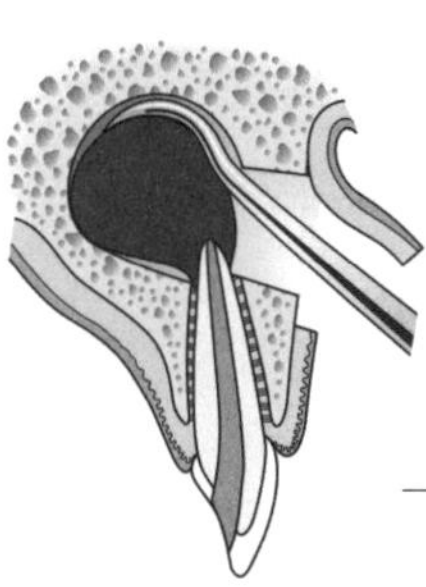

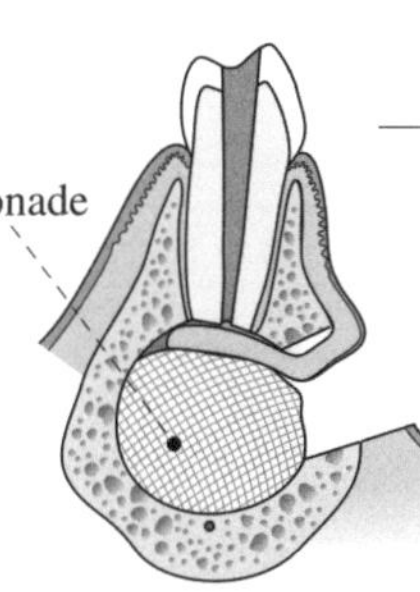

7. Warum wird die Zystenentfernung in der Regel mit einer Wurzelspitzenresektion kombiniert?

8. Welches wichtige Dokument sollte Frau Meier vor der Operation unterschrieben haben?

9. Über welche Risiken und Komplikationen muss Frau Meier vor der Zystenentfernung am Zahn 35 aufgeklärt werden?

–

–

–

–

–

10. Warum muss diese Aufklärung schriftlich verfasst und vom Patienten vor dem Eingriff unterschrieben werden?

11. Bereiten Sie ein Tray für die Zystektomie ohne Wurzelspitzenresektion vor, indem Sie die Nummern der auf Seite 82/83 abgebildeten Instrumente auflisten. Welche benötigten Instrumente und Materialien sind dort nicht aufgeführt?

12. Welche zusätzlichen Instrumente und Materialien benötigen Sie für die Wurzelspitzenresektion?

generell:

____

____

____

bei WSR mit retrograder Wurzelfüllung:

____

____

____

bei WSR mit orthograder Wurzelfüllung:

____

____

____

13. Bringen Sie die folgenden Behandlungsschritte der Zystenentfernung in die richtige Reihenfolge und geben Sie jeweils die benötigten Instrumente und Materialien an.

Reihenfolge	Vorgehensweise	Instrumente und Materialien
	Abtragen des Knochens über der Wurzelspitze	
	Röntgen-Kontrollaufnahme	
	Auskratzen der Wunde	
	Herausschälen der Zyste	
	Spülung der Wunde	
	Vernähen der Wunde	
	Abpräparieren des Muko-Periost-Lappens	
	bogenförmiger Schleimhautschnitt	
	Resektion der Wurzelspitze	

14. Welche Möglichkeiten des bakteriendichten Verschlusses des Wurzelkanals bestehen bei der Wurzelspitzenresektion?

15. Wann wird welches Verfahren bevorzugt?

16. Frau Dr. Heilmann benutzt atraumatisches Nahtmaterial. Was versteht man darunter?

17. Was ist der Vorteil von atraumatischem Nahtmaterial?

Susanne Meier, LF 7, S. 72

18. Im Zusammenhang mit chirurgischen Eingriffen benötigen ängstliche Patienten manchmal eine Prämedikation. Erklären Sie den Begriff.

19. Welche Medikamentengruppe lässt sich gut zur Prämedikation vor diesem Eingriff einsetzen, um den Patienten zu entspannen?

20. Bereiten Sie ein Kassenrezept für ein Antibiotikum unterschriftsreif vor, das den Wirkstoff Clindamycin in einer Menge von 600 mg pro Tablette enthält.
Frau Meier soll dreimal täglich 1 Tablette für 4 Tage einnehmen.

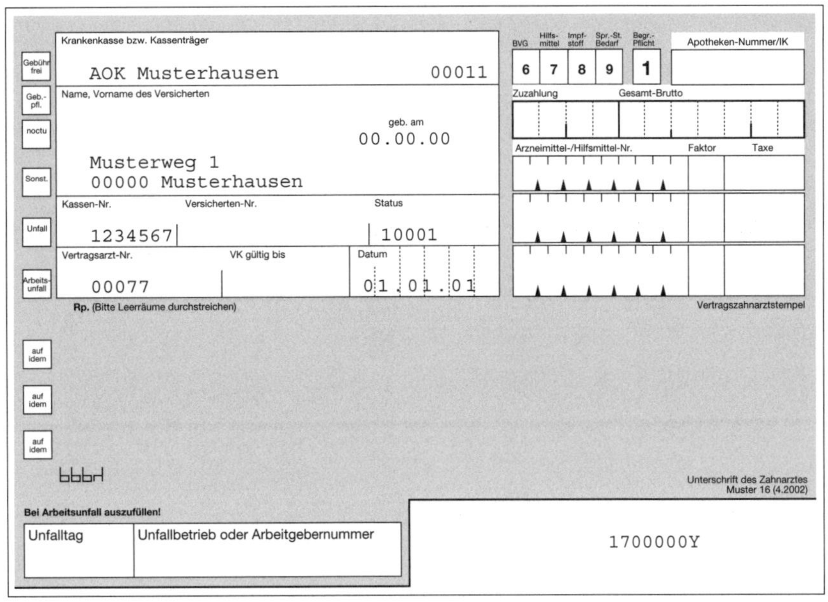
Gebühr frei
Geb.-pfl.
noctu
Sonst.
Unfall
Arbeitsunfall
Krankenkasse bzw. Kassenträger
AOK Musterhausen 00011
Name, Vorname des Versicherten
geb. am 00.00.00
Musterweg 1
00000 Musterhausen
Kassen-Nr. Versicherten-Nr. Status
1234567 10001
Vertragsarzt-Nr. VK gültig bis Datum
00077 01.01.01
BVG Hilfsmittel Impfstoff Spr.-St. Bedarf Begr.-Pflicht
6 7 8 9 1
Apotheken-Nummer/IK
Zuzahlung Gesamt-Brutto
Arzneimittel-/Hilfsmittel-Nr. Faktor Taxe
Vertragszahnarztstempel
Rp. (Bitte Leerräume durchstreichen)
aut idem
aut idem
aut idem
Unterschrift des Zahnarztes
Muster 16 (4.2002)
Bei Arbeitsunfall auszufüllen!
Unfalltag
Unfallbetrieb oder Arbeitgebernummer
1700000Y

21. Was für eine Wirkung hat ein Antibiotikum?

______

22. Welche Hinweise gibt Frau Dr. Heilmann Frau Meier bezüglich der Einnahme des Antibiotikums?

______

______

______

23. Um welche Art von systemischer Applikation handelt es sich bei der Tabletteneinnahme?

______

24. Bei welcher Applikationsform erfolgt die Aufnahme ebenfalls über die Darmschleimhaut?

______

25. Durch welche Applikationsart kommt es zu einem schnelleren Wirkungseintritt eines Antibiotikums?

______

Susanne Meier, LF 3, S. 45

Situation 4 Abszess, Präprothetik

Helmut Lange

Herr Lange kommt mit einer starken Schwellung im Bereich der rechten Wange und unterhalb des Unterkiefers in die Praxis. Die Diagnose lautet „submuköser Abszess“.

Zunächst trepaniert Frau Dr. Heilmann den Zahn. Nun wendet sie sich der Schwellung zu, die durch den Abszess hervorgerufen wurde.

LF 2, S. 31
LF 3, S. 43
LF 5, S. 67
LF 7, S. 75
LF 8, S. 94
LF 10a, S. 103
LF 10b, S. 126
LF 12, S. 157

1. Was ist ein submuköser Abszess?

____

2. Worin besteht die akute Therapie des submukösen Abszesses? Nennen Sie auch den Fachbegriff.

Vorgang: ______________________________

Fachbegriff: ______________________________

3. Welche Instrumente und Materialien werden hierfür benötigt?

– ______________________________
– ______________________________
– ______________________________
– ______________________________
– ______________________________
– ______________________________
– ______________________________

4. Welches Risiko besteht bei einem unbehandelten Abszess?

____
____
____

5. Planen Sie die weiteren Termine für Herrn Lange nach der Inzision.

6. Frau Dr. Heilmann extrahiert sowohl den Zahn 44 als auch den parodontologisch nicht mehr haltbaren Zahn 47. Mit einer Knochenfräse glättet sie die Alveolenränder. Was will sie mit dieser Maßnahme erreichen?

7. Dieser Eingriff ist eine mögliche Maßnahme in der präprothetischen Chirurgie. Nennen Sie weitere präprothetische Maßnahmen.

–

–

–

–

–

–

–

–

8. Nennen Sie Gründe, die gegen Implantate als präprothetische Maßnahme sprechen.

Vor der neuen prothetischen Versorgung soll noch das Parodontium der verbliebenen Zähne bei Herrn Lange behandelt werden.

↵ Helmut Lange, LF 5, S. 68

Situation 5 Reimplantation

Sophie Krüger

Sophie hatte auf dem Weg zur Schule einen Fahrradunfall, bei dem ihr Zahn 11 heraus gebrochen wurde. Die Sekretärin der Schule hatte in der Praxis angerufen und gefragt, wie sie sich verhalten soll. Inzwischen ist Sophie mit ihrer Mutter in der Praxis eingetroffen. Sie haben die ersten organisatorischen Maßnahmen ergriffen, indem Sie den Zahn in eine Zahnrettungsbox gelegt haben. Nun sorgen Sie dafür, dass Sophie möglichst schnell behandelt werden kann.

LF 2, S. 29
LF 3, S. 38
LF 8, S. 96
LF 10b, S. 134

1. Warum ist es wichtig, dass der Zahn feucht und nur kurze Zeit außerhalb des Mundes gelagert wird?

2. Worin besteht die Therapie einer vollständigen Luxation?

3. Wie könnte die spätere endgültige Therapie aussehen, falls der Zahn nicht wieder einwächst?

4. Welche weiteren, nicht sichtbaren Verletzungen können bei dem Fahrradunfall im Frontzahnbereich aufgetreten sein?

–

–

5. Nennen Sie Maßnahmen, mit denen Frau Dr. Heilmann größere Weichteilverletzungen im Bereich der Lippe behandeln kann?

6. Wie kann Frau Dr. Heilmann feststellen, ob im Bereich des herausgeschlagenen Zahnes eine Alveolarfortsatzfraktur vorliegt?

7. Wie könnte eine Sofortversorgung einer Alveolarfortsatzfraktur aussehen?

8. Schreiben Sie für Sophie einen Zettel mit Informationen, die sie bezüglich der Nahrungsaufnahme beachten muss.

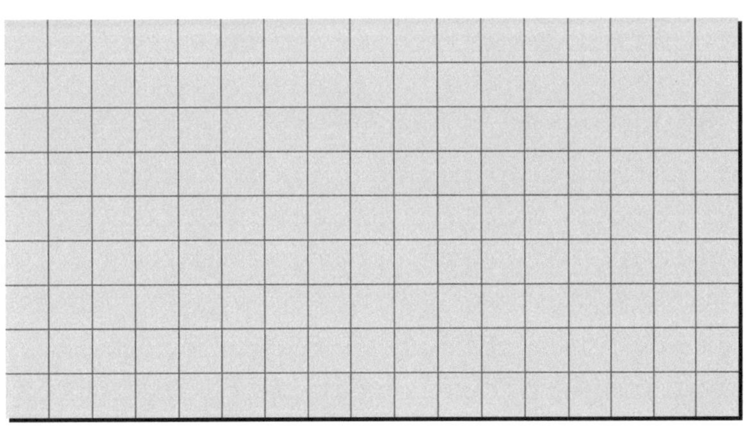

Sophie Krüger, LF 3, S. 38

Lernfeld 10a: Behandlungen von Erkrankungen der Mundhöhle und des Zahnhalteapparates begleiten

Situation 1 Aphthe, Tumor

Jessica Schröder

Neben dem halb durchgebrochenen Zahn 38 gibt Frau Schröder zusätzlich Schmerzen unter der Zunge an. Frau Dr. Heilmann erkennt bei genauer Untersuchung eine hoch empfindliche, etwa 2 mm große, an den Rändern gerötete Erosion der Mundschleimhaut unter der Zunge. Diese Stelle diagnostiziert sie als Aphthe.

LF 2, S. 10
LF 8, S. 84
LF 10a, S. 98
LF 10b, S. 136

1. Die Mundschleimhaut hat wie die Haut eine Schutz- und Deckfunktion. Sie unterscheidet sich aber in ihrem Aufbau wesentlich von der Haut. Kreuzen Sie die zutreffenden Aussagen an:

- [ ] Deckgewebe nennt man Endothelien.
- [ ] Haut und Schleimhaut sind Plattenepithelgewebe.
- [ ] Schleimhaut ist verhorntes Plattenepithel.
- [ ] Haut ist verhorntes Plattenepithel.
- [ ] Beim Plattenepithel sind die Zelllagen höher als breit.
- [ ] Schleimhaut ist ein mehrschichtiges Gewebe.
- [ ] Schleimhaut enthält viele kleine Schleimdrüsen.

2. Nennen Sie Reizfaktoren, die für die Mundschleimhaut schädlich sind.

______________________	______________________
______________________	______________________

3. Erklären Sie den Begriff „Erosion".

4. Frau Dr. Heilmann diagnostiziert die bei Frau Schröder sichtbare Erosion als Aphthe. Aphthen tragen den Beinamen chronisch-rezidivierend. Was ist darunter zu verstehen?

5. Eine Aphthe ist ein entzündlicher Prozess der Mundschleimhaut. Um sicher zu sein, muss abgeklärt werden, ob keine Tumorerkrankung vorliegt. Wie nennt man einen bösartigen Tumor, der vom Epithelgewebe ausgeht?

6. Nennen Sie die typischen Eigenschaften eines bösartigen Tumors.

7. Frau Dr. Heilmann schließt glücklicherweise bei Frau Schröder einen Tumor sicher aus. Was kann sie der Patientin bezüglich der Aphthe raten?

8. Gibt es für Aphthen eine ursächliche Therapie?

Frau Dr. Heilmann erklärt Frau Schröder, dass sie immer mal wieder eine Aphthe bekommen könne. Bei Beschwerden sollte sie unbedingt wieder die Praxis aufsuchen.

Jessica Schröder, Ende des Behandlungsfalls

Situation 2 Mundschleimhaut, Aufbau des Parodontiums

Erika Lange

Frau Dr. Heilmann diagnostiziert bei Frau Lange eine Entzündung der Mundschleimhaut. Der Modellguss im Oberkiefer und der totale Zahnersatz im Unterkiefer zeigen im Mund einen „roten Abdruck“. Im Unterkiefer bilden sich immer wieder Druckstellen.

LF 2, S. 32
LF 7, S. 78
LF 10a, S. 100
LF 12, S. 161

1. Wie nennt man die Mundschleimhaut mit lateinischem Fachwort?

____

2. Was wird Frau Dr. Heilmann der Patientin vermutlich raten, um die Entzündung der Mundschleimhaut zum Abklingen zu bringen?

– ______________________________

– ______________________________

– ______________________________

– ______________________________

3. Welche durch Mikroorganismen verursachte Krankheit kann sich bei mangelhaftem Speichelfluss und eingeschränkter Mundhygiene unter einem totalen Zahnersatz leicht entwickeln?

____

4. Weiterhin ist bei Frau Lange auch der Zahnfleischkragen um die verbliebenen Zähne gerötet und geschwollen. Was unterscheidet die Gingiva von der übrigen Mukosa?

____

5. An welchen Merkmalen kann man krankes Zahnfleisch von gesundem unterscheiden?

krankes Zahnfleisch →

- ______________________________
- ______________________________
- ______________________________

6. Nennen Sie die häufigste Ursache einer Gingivitis.

____

7. Warum sind Bakterien in der Plaque besonders gefährlich?

____

____

Wie muss man sie dort primär bekämpfen?

____

____

8. Welche gesamtkörperlichen Ursachen begünstigen eine Gingivitis außerdem? Kreuzen Sie die richtigen Möglichkeiten an.

- [ ] Schwangerschaft
- [ ] Übergewicht
- [ ] Pubertät
- [ ] veränderter Hormonhaushalt
- [ ] hohes Alter
- [ ] Leukämie
- [ ] Diabetes mellitus

9. Die Gingiva ist ein Teil des Zahnhalteapparats. Was gehört noch dazu?

10. Beschriften Sie die eingezeichneten Teile des Zahnhalteapparates.

1 ______________________________

2 ______________________________

3 ______________________________

4 ______________________________

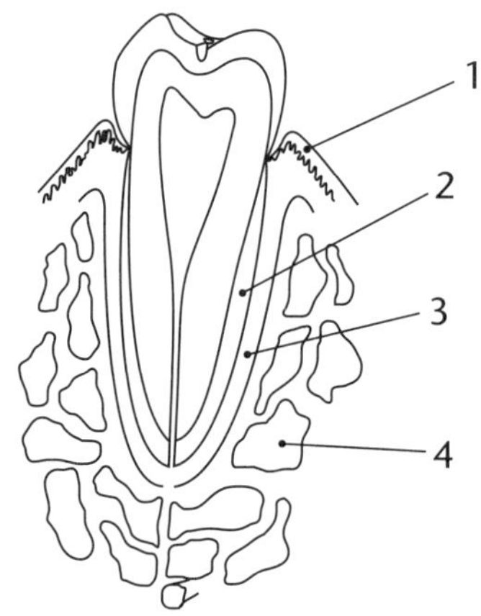

11. Ergänzen Sie in dem folgenden Lückentext die deutschen Begriffe.

Das Desmodont / Periodontium (die ____________________) befindet sich im Periodontalspalt zwischen Cementum dentis (____________________) und Alveolarknochen. Es besteht aus Sharpey'schen Fasern, die dafür sorgen, dass der Zahn bei Kaudruck geringfügig nachgibt. Damit wird die Druckbelastung in eine ____________________ umgewandelt. Außerdem befinden sich im Periodontalspalt zahlreiche ____________________ und Lymphgefäße, die für die ____________________ des Desmodonts bzw. für das ____________________ des Zahnes verantwortlich sind.

Die Alveolen (____________________) bilden den knöchernen Teil des Parodontiums (____________________).

Die Gingiva (____________________) ist der zum Parodontium gehörende Teil der Mukosa (____________________).

Frau Dr. Heilmann behandelt mehrfach die Druckstellen und die Gingivitis bei Frau Lange. Schließlich sind die Entzündungen so weit zurückgegangen, dass Frau Lange einen Termin zur Unterfütterung des unteren totalen Zahnersatzes bekommt.

Frau Lange, LF 12, S. 171

Situation 3 Parodontitis, systematische Paradontalbehandlung

Helmut Lange

Herr Lange hat erfahren, dass der Zahn 44 nach Rückgang der Wangenschwellung extrahiert werden muss. Er fragt Frau Dr. Heilmann, ob alle übrigen Zähne nicht besser auch gezogen werden sollten, da diese in seinem Alter doch sowieso bald herausfallen würden. Herr Lange spricht von „Parodontose“.

LF 2, S. 31
LF 3, S. 43
LF 5, S. 67
LF 7, S. 75
LF 8, S. 94
LF 10a, S. 103
LF 10b, S. 126
LF 12, S. 157

1. Vermutlich meint Herr Lange „Parodontitis“. Definieren Sie die beiden Begriffe.

Parodontitis marginalis = ______________________________

____

Parodontose = ______________________________

2. Frau Dr. Heilmann will sich durch eine einfache Untersuchung zunächst eine Übersicht über den Zahnfleischstatus verschaffen. Was ist das wichtigste Instrument zur Parodontaldiagnostik?

____

3. Bestimmen Sie den Parodontal Screening Index (PSI) von Herrn Lange.
Frau Dr. Heilmann diktiert Ihnen dazu folgenden Befund:
Der Oberkiefer ist zahnlos. An den Zähnen 35, 33 und 44 ist auf Sondierung eine Blutung feststellbar. Der tiefste von den sechs Messwerten pro Zahn beträgt an den Zähnen 33 4 mm, 34 5 mm, 35 4 mm, 37 5 mm, 43 4 mm, 44 3 mm und 47 6 mm.
Die Zähne 44, 33 und 35 sind gerade fühlbar gelockert, die Zähne 43, 34 und 37 sind sichtbar gelockert, der Zahn 47 ist in axialer Richtung beweglich. Die Bifurkation des Zahnes 47 liegt frei. Die restlichen Zähne im Unterkiefer fehlen.
Tragen Sie Blutungen mit einem roten Punkt, Taschentiefen mit arabischen und Lockerungsgrade mit römischen Zahlen in das Zahnschema ein. Füllen Sie abschließend die Auswertungstabelle für den PSI aus.

1.	2.	3.
4.	5.	6.

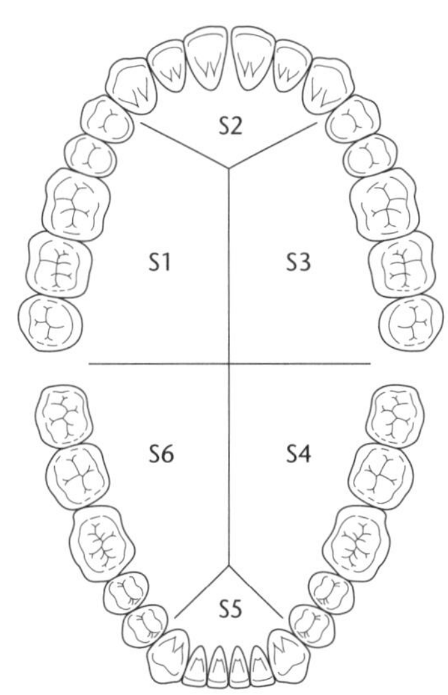

Helmut Lange, LF 10b, S. 126

4. Aufgrund der Untersuchung und Röntgendiagnostik stellt Frau Dr. Heilmann die Diagnose: Generalisierte, teilweise profunde marginale Parodontitis.
Sie erklärt Herrn Lange, was das bedeutet. Ergänzen Sie den folgenden Lückentext:

Parodontitis bedeutet Abbau des zahntragenden Gewebes durch „Angriffe" von

______________________.

Generalisiert heißt, dies betrifft ______________________ Zähne. Wenn die Parodontitis nicht zu weit fortgeschritten ist, kann man gegen die Bakterien etwas tun und damit die Erkrankung ______________________ (nicht ______________________) und so die Zähne dauerhaft erhalten. Allerdings bedeutet „profund", dass die Bakterien an einigen Zähnen bereits mehr als ________________ mm tief in die Taschen eingedrungen sind. Die ______________________ /Erhaltbarkeit dieser Zähne ist nicht mehr sicher.

5. Herr Lange hat natürlich schon einiges über Parodontitis, Plaque und Zahnstein gehört und gelesen; er weiß aber nicht, ob das alles auch wirklich stimmt. Kreuzen Sie die zutreffenden Aussagen an.

- [ ] Zahnstein verursacht Parodontitis.
- [ ] Plaque haftet fest auf dem Zahnfleisch.
- [ ] Zahnstein und Konkremente entstehen durch Kalkeinlagerungen in weiche Beläge.
- [ ] Konkremente erhalten ihre Kalkbausteine aus dem Speichel.
- [ ] Zahnstein liegt supragingival und kommt auch bei parodontal Gesunden vor.
- [ ] Konkremente sind leichter zu entfernen als Zahnstein.
- [ ] Zahnfleischtaschen entstehen durch Abbau von Knochen und Parodontalfasern.
- [ ] In der Tiefe der Tasche gibt es mehr aerobe Bakterien.
- [ ] Taschenepithel ist faserarm, entzündet und bakterienhaltig.
- [ ] Aktive Taschen gelten als geheilt.
- [ ] Zahnfleischschwellung ohne Abbau von Parodontalfasern nennt man Pseudotaschen.

6. In welchem Lebensalter tritt Parodontitis frühestens auf?

7. Ab wann untersucht man deshalb regelmäßig mittels PSI?

8. Nennen Sie mindestens einen weiteren Index, mit dem die parodontale Gesundheit bestimmt werden kann.

9. Man unterscheidet die „chronische Parodontitis" von der „aggressiven Parodontitis". Ordnen Sie die zutreffenden Merkmale den beiden Formen zu.
1 chronische Form 2 aggressive Form

- [ ] Missverhältnis zwischen Plaquemenge und dem Ausmaß der Gewebezerstörung
- [ ] häufig subgingivaler Zahnstein
- [ ] rasch fortschreitende Gewebedestruktion
- [ ] überwiegend bei Erwachsenen
- [ ] auffällige familiäre Häufung

10. Zwischen Gingivitis und Parodontitis gibt es Gemeinsamkeiten und Unterschiede. Kreuzen Sie an, welcher der folgenden Begriffe für welche Erkrankung zutrifft.

Begriff	Gingivitis	Parodontitis
plaquebedingte Erkrankung		
reversibel		
irreversibel		
Knochenabbau		

11. Herr Lange fragt danach, ob es außer der Plaque Risikofaktoren gibt, die die Anfälligkeit für Parodontitis beeinflussen. Nennen Sie ihm weitere Risikofaktoren.

–

–

–

–

12. Aufgrund der Beratung durch Frau Dr. Heilmann entschließt sich Herr Lange zu einer systematischen Behandlung seiner Parodontitis. Aus welchen drei Schritten besteht eine systematische Parodontaltherapie? Ergänzen Sie das Schema.

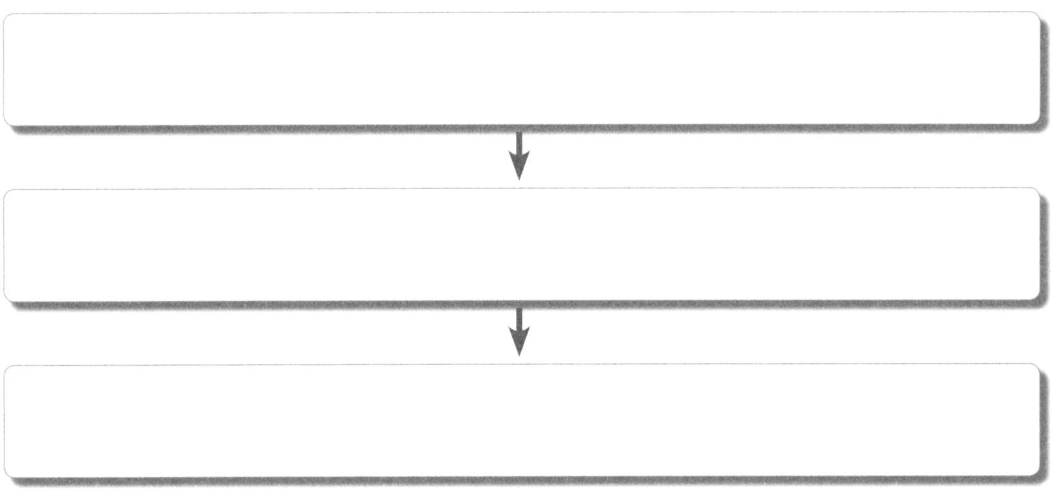

13. Welche Hilfsmittel zur Zwischenraumpflege können Sie Herrn Lange bei fortgeschrittener Parodontitis und offenen Approximalräumen bevorzugt empfehlen?
Begründen Sie für jedes genannte Mittel, ob es Herrn Lange für die Reinigung der Zahnzwischenräume im Seitenzahnbereich empfohlen werden sollte oder nicht.

Mittel	Ja/Nein	Begründung
„normale" Zahnseide		erreicht keine Einziehungen und Tascheneingänge
Superfloss		
Zahnhölzer		
Interdentalbürsten		
Munddusche		

14. Im Anschluss an die Mundhygieneberatung führen Sie bei Herrn Lange noch eine professionelle Zahnreinigung durch. Ergänzen Sie die grundsätzlichen Arbeitsschritte und nummerieren Sie die Schritte in der richtigen Reihenfolge.

Reihenfolge	Arbeitsschritt der Zahnreinigung
	Grobpolitur
	Festlegung des gröbsten Poliermittels je nach Anfangsrauigkeit
	Zwischenkontrolle auf verbliebene Rauigkeiten
1	

15. Welche Instrumente und Materialien bereiten Sie dafür vor?

–

–

–

–

–

–

–

–

–

–

16. Sie beginnen mit dem Einsatz eines Ultraschallgeräts. Welche Grundregeln müssen Sie bei der Benutzung des Ultraschallgerätes beachten? Nennen Sie mindestens fünf.

17. Nach zwei weiteren Vorbehandlungsterminen wird bei Herrn Lange durch eine erneute Taschentiefenmessung eine weitergehende Behandlungsbedürftigkeit festgestellt.
Die Taschentiefen betragen an den Zähnen
47 m: 4 mm, d: 6 mm, v: 5 mm, oral: 4 mm
44 m: 3 mm, d: 3 mm, v: 3 mm, oral: 3 mm
43 m: 4 mm, d: 4 mm, v: 2 mm, oral: 4 mm
33 m: 3 mm, d: 3 mm, v: 4 mm, oral: 4 mm
34 m: 4 mm, d: 5 mm, v: 4 mm, oral: 4 mm
35 m: 4 mm, d: 3 mm, v: 4 mm, oral: 4 mm
37 m: 4 mm, d: 3 mm, v: 4 mm, oral: 5 mm
Die Zähne 44, 33 und 35 sind gerade fühlbar gelockert, die Zähne 43, 34 und 37 sind sichtbar gelockert, der Zahn 47 ist in axialer Richtung beweglich. Die Bifurkation des Zahnes 47 liegt frei. Der Zahn 34 ist wurzelgefüllt. Der Zahnhals am Zahn 33 liegt 2 mm frei.

Berücksichtigen Sie nur die Befunde, die in den Parodontalstatus eingetragen werden müssen.

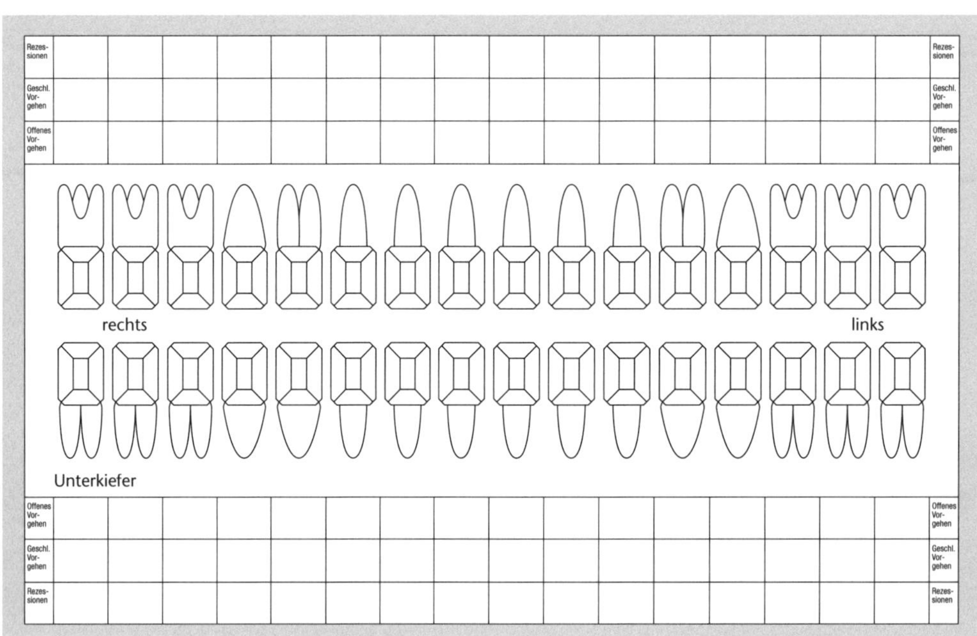

18. Sobald der genehmigte Antrag „Parodontalstatus" vorliegt, wird der Termin zur chirurgischen Parodontalbehandlung vereinbart. Sie sollen das Tray vorbereiten.
Welche zwei Grundformen von Handinstrumenten zur Wurzeloberflächenreinigung kennen Sie und wie unterschieden sie sich? Beschreiben Sie die Arbeitsenden dieser Instrumente.

Instrumenten-name	Querschnitt	Form der Spitze	Anzahl der Schneiden

19. Welche Ablagerungen sollen bei einem parodontalchirurgischen Eingriff entfernt werden?

20. Was kann mit Küretten zusätzlich entfernt werden?

21. Furkationen sind besonders schlecht zugänglich. Kreuzen Sie die richtigen Antworten an.

- ☐ Jeder Molar hat genau eine Furkation.
- ☐ Bei oberen Molaren weisen die Furkationen auch in den Approximalraum und sind daher besonders schwer zugänglich.
- ☐ Eine stärker befallene Furkation unterer Molaren kann oft durch eine Tunnelierungs-operation für Interdentalbürsten zugänglich gemacht und so beherrscht werden.
- ☐ Ein Furkationsbefall unterer Molaren hat meist die schlechtere Prognose.
- ☐ Alle Prämolaren haben eine Furkation.

22. Nennen Sie weitere parodontal-chirurgische Maßnahmen.

Nach erfolgreicher Parodontalbehandlung der für das prothetische Konzept erhaltungswürdigen Zähne müssen noch die Zähne 44 und 47 extrahiert werden.

↵ Helmut Lange, LF 12, S. 157

Situation 4 Parodontitis, Zahnputztechnik, Kiefergelenk, Bruxismus

Birgit Petermann

Frau Petermann ist mit ihren drei Kindern bestellt. Nachdem die drei abgeholt worden sind, kann sie sich in Ruhe selbst behandeln lassen. Sie berichtet, dass bei ihr vor zwei Jahren eine „Parodontosebehandlung" durchgeführt wurde. Das letzte Mal war sie vor einem ¾ Jahr zur Kontrolle. Frau Dr. Heilmann sieht, dass inzwischen wieder sehr viel Zahnstein vorhanden ist.

LF 2, S. 22
LF 10a, S. 110

1. Was ist unbedingt erforderlich, wenn der Erfolg einer PA-Behandlung erhalten werden soll?

seitens des Patienten	
seitens der Praxis	
organisatorisch	

2. Nennen Sie Warnzeichen, die ein Wiederauftreten der Erkrankung und die Notwendigkeit aufwendiger Betreuung anzeigen:

3. Wo liegen die Hauptrisikostellen für die Parodontitisentstehung?

4. Frau Petermann bürstet in großen Kreisen. Welche Grundbewegung muss sie mit der Zahnbürste ausführen, um Plaqueablagerungen auch in den „Ritzen" wie Sulcus und Approximalspalt bestmöglich zu entfernen? Begründen Sie Ihren Rat.

5. Frau Dr. Heilmann möchte, dass Frau Petermann zukünftig die modifizierte Zahnputztechnik nach Bass anwendet. Beschreiben Sie die

Grundhaltung:

Aktivierungsphase:

Bewegungsphase:

6. Welche Möglichkeiten hat die zahnärztliche Praxis, eine unzureichende Zahnpflege des Patienten in gewissem Umfang aufzufangen?

Neben dem Zahnfleischproblem fällt Frau Dr. Heilmann auf, dass die Frontzähne auffällig verkürzt sind und sie vermutet Bruxismus. Frau Petermann sagt dazu: „Mein Mann hat sich auch schon beklagt, dass ich häufig nachts mit den Zähnen knirsche."

7. Es handelt sich an den Frontzähnen also um nicht kariöse Zahnhartsubstanzdefekte. Welche Defekte dieser Art kennen Sie noch?

8. Welche Arten von Bruxismus unterscheidet man?

Nach den UK-Bewegungen:

Nach der eingenommenen UK-Position:

9. Als Ursache für Bruxismus gilt stressbedingte Anspannung der Kaumuskeln, besonders im Schlaf. Schreiben Sie für alle im Bild bezeichneten Muskeln einen „Steckbrief" mit Name (deutsch und lateinisch), Ursprung, Ansatz und Funktion:

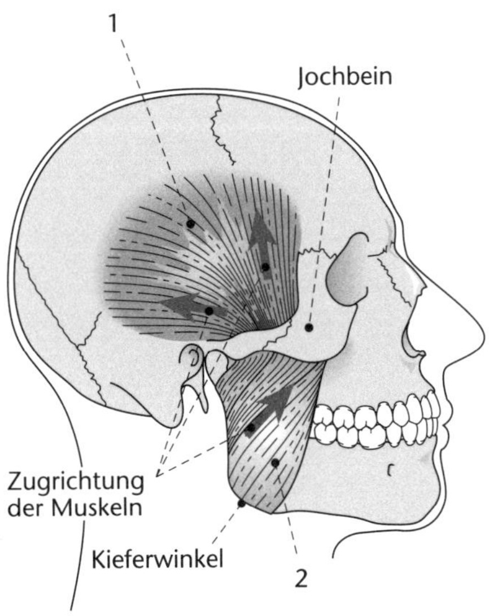

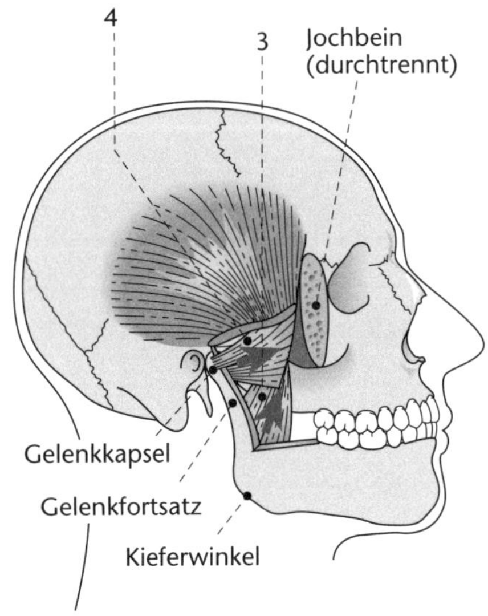

Nr.	deutsche und lateinische Bezeichnung	Ursprung	Ansatz	Funktion
1				
2				
3				
4				

9. Die Muskeln, die den Unterkiefer bewegen, erfüllen teilweise auch eine weitere Funktion. Welche ist es?

10. Die übermäßige Anspannung der Kaumuskulatur hat im Fall von Frau Petermann zu sichtbaren Schäden an den Zähnen geführt. Welche andere – dritte – Komponente des stomatognathen Systems nimmt unter dauerhaft zu hohem Druck ebenfalls leicht Schaden?

11. Aus welchem Gewebe bestehen die Gelenkflächen? Welche Funktion hat es?

12. Das Kiefergelenk (lat. Articulatio temporo-mandibularis) ist ein echtes Gelenk, und dazu ein ganz besonderes, da es aus zwei Teilgelenken besteht. Nennen Sie die drei Hauptbestandteile des Kiefergelenks (lateinisch und deutsch).

13. Welche Bewegungen lässt das Kiefergelenk aufgrund seiner Zweiteilung zu? Beachten Sie dabei die Freiheitsgrade.

14. Welche Bewegungen sind damit dem Unterkiefer möglich?

–

–

–

–

15. Welchen Ausdruck benutzt man, wenn der Mund nur teilweise geöffnet werden kann?

16. Auf ihr Kiefergelenk angesprochen, fällt Frau Petermann ein, dass sie zeitweise dort beim Essen und Gähnen ein Knacken verspürt, das auch für andere deutlich hörbar ist.
Frau Dr. Heilmann führt eine manuelle Funktionsanalyse durch und diagnostiziert ein reziprokes Knacken. Beschreiben Sie, was dabei im Gelenk passiert:

beim Öffnungsknacken:	
beim Schließknacken:	

17. Welche andere Form neben der manuellen Funktionsanalyse gibt es?

18. Welches ist das wichtigste Therapiemittel bei Kiefer- und Gelenkerkrankungen?

19. Welche Behandlungsschritte sind zur Versorgung von Frau Petermann mit einer okklusal adjustierten (eingestellten) Aufbissschiene erforderlich?

20. Was versteht man unter einer „therapeutischen Position"?

____

____

____

21. Welche Arbeitsschritte im zahntechnischen Labor sind zur Herstellung einer einfachen Tiefziehschiene erforderlich?

____

↓

____

↓

____

22. Was bedeutet Tinitus?

____

____

23. Frau Petermann soll in der nächsten Sitzung die Schiene eingegliedert bekommen. Was müssen Sie vorbereiten?

____

____

____

Nachdem die Schiene passt, wird Frau Petermann noch über die eigenen Möglichkeiten zur Senkung der Muskelverspannung durch Selbstmassage oder das Erlernen von Entspannungstechniken aufgeklärt. Zur Schienenkontrolle wird sie in einer Woche wieder bestellt.

Birgit Petermann, Ende des Behandlungsfalls

Lernfeld 10b: Röntgen- und Strahlenschutzmaßnahmen vorbereiten

Situation 1 Röntgenstrahlen, Röntgengerät, Röntgenfilm, Halbwinkeltechnik

Peter König

Bei Herrn König muss der zerstörte Zahn 16 entfernt werden. Frau Dr. Heilmann hat zuvor eine Röntgenaufnahme des Zahnes in Halbwinkeltechnik angeordnet. Sie begleiten Herrn König zum Röntgenraum.

LF 2, S. 6
LF 3, S. 41
LF 4, S. 49
LF 7, S. 69
LF 8, S. 85
LF 10b, S. 116
LF 12, S. 150

1. Wonach müssen Sie Herrn König vor der Aufnahme fragen?

____

____

2. Sie legen Herrn König eine Strahlenschutzschürze um, die einen Bleigleichwert von 0,4 mm hat, um eine unnötige zusätzliche Strahlenbelastung zu vermeiden. Was bedeutet der Begriff Bleigleichwert?

____

____

3. Welchen Arten von natürlicher ionisierender Strahlung ist der Mensch ohnehin ausgesetzt?

____

____

____

4. Wie lautet die Maßeinheit, mit der die biologische Wirkung jeder Art von ionisierender Strahlung auf den menschlichen Organismus gemessen werden kann?

____

5. Welche Gewebe sind besonders strahlensensibel? Geben Sie Beispiele.

Beispiele:

6. Herr König hat schon gehört, dass Röntgenstrahlen gefährlich sein sollen. Durch das Umlegen der Strahlenschutzschürze findet er dies bestätigt. Er fragt Sie: „Warum benutzt man die Röntgenstrahlen immer noch, obwohl sie so gefährlich sind?"
Gehen Sie in Gedanken schnell die verschiedenen Eigenschaften der Röntgenstrahlen durch und notieren Sie diese.

Unterstreichen Sie die Eigenschaften, die man beim zahnärztlichen Röntgen benötigt, grün, und die für Menschen „gefährlichen" Eigenschaften rot.

7. Beschriften Sie die Abbildung der Röntgenröhre.

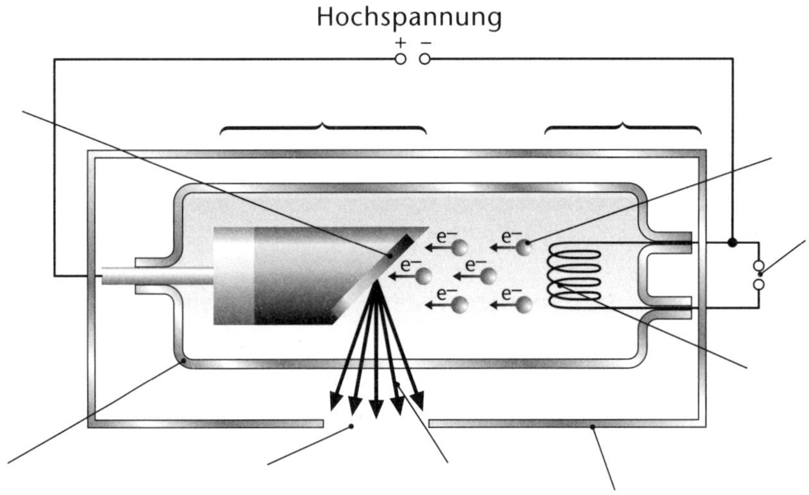

8. Die folgende Abbildung zeigt die Umrisse eines Dentalröntgengeräts. Beschriften Sie die vorgegebenen Teile und Strukturen. Schreiben Sie zusätzlich die Funktion der Teile 1 - 3 dazu.

1 ____________________

2 ____________________

____

3 ____________________

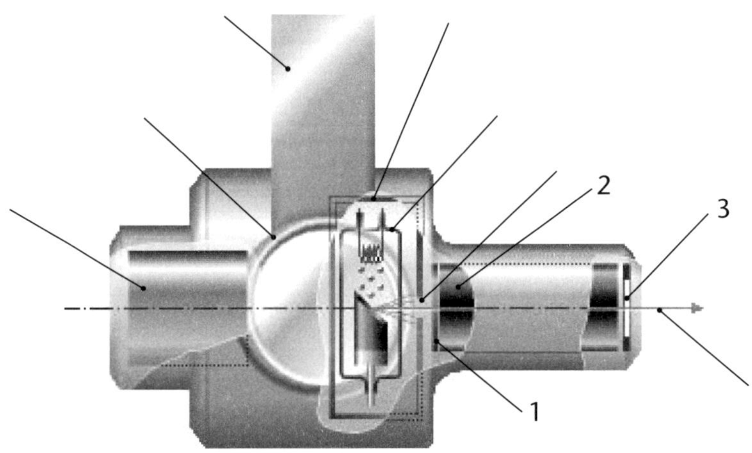

9. Auf dem Display des Bedienfeldes des Röntgengerätes finden sich u.a. die Angaben „kV" und „mA". Was bedeuten diese Angaben?

kV = ____________________

mA = ____________________

10. Wenn das Gerät vorbereitet ist, suchen Sie den Film aus. Ergänzen Sie die Zusammenfassung über die intraoralen Zahnfilmformate.

Bezeichnung	Großer ZF	Standard-ZF	Kleiner ZF/ Kinder	Bissflügel-Film
Größe	4 x 5 cm		2 x 3 cm	2,7 x 5,4 cm
Verwendung				

11. Ergänzen Sie den Lückentext.

Sie zeigen Herrn König das Zahnfilmpäckchen und beschreiben, was sich darin befindet:

„Das Wichtigste in diesem Päckchen ist natürlich der ______________________.

Er ist absolut lichtempfindlich. Deshalb ist er in ______________ gehüllt. Auf einer Seite des Films liegt eine ______________. Sie soll den Bereich hinter dem Film (also den restlichen Teil Ihrer Mundhöhle) vor ______________________ schützen und außerdem verhindern, dass der Film von hinten durch ______________ belichtet wird. Diese drei Teile sind von einer ______________________ ______________________ umgeben. Auf der Seite des Filmpäckchens, auf der die ______________________ liegt, befindet sich die Lasche zum Öffnen.

Außerdem ist auf dieser Seite ein ______________________ eingeprägt. Die Verpackung auf der ______________________ des Films ist glatt. Durch sie hindurch kann man eine ______________________ des Zahnfilms ertasten, die als ______________________ dient und später eindeutig anzeigt, welche Filmseite nach vorn, also zum ______________________ hin gezeigt hat."

12. Sie legen den Film an Zahn 16 in die Mundhöhle von Herrn König. Ergänzen Sie die Skizze zur Halbwinkeltechnik und beschriften Sie.

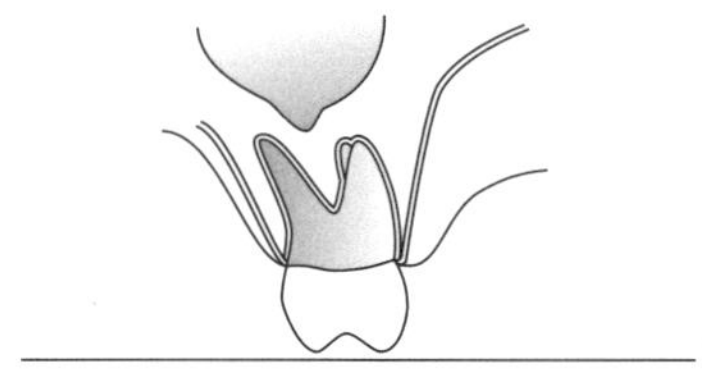

13. Sie stellen den Tubus ein und verlassen den Röntgenraum. Wie heißt der Bereich, in dem sich während der Aufnahme nur der Patient aufhalten darf?

____

14. Erläutern Sie, warum für alle anderen Personen dieser Bereich während der Aufnahme gesperrt ist.

____

____

15. Wie heißt der Bereich, in dem Sie sich während der Röntgenaufnahme aufhalten dürfen?

____

16. Wie weit müssen Sie von der Strahlenquelle entfernt sein, wenn sich zwischen Ihnen und der Strahlenquelle keine Schutzwand befindet?

____

17. Durch welche baulichen Gegebenheiten kann die Strahlenbelastung für das Personal verringert werden?

______________________________ ______________________________

____

Nach der Aufnahme desinfizieren Sie den Film, nehmen Herrn König die Schürze ab und begleiten ihn zur Terminvergabe an die Rezeption. Anschließend gehen Sie mit dem Zahnfilmpäckchen in die Dunkelkammer.

Peter König, LF 3, S. 41

Situation 2 **Orthoradiale und exzentrische Einstellungen, Filmverarbeitung, Fehler bei der Filmverarbeitung**

Thorben Kammer

Herr Kammer kommt mit einem stark schmerzenden Zahn 14 in die Praxis. Frau Dr. Heilmann entschließt sich aufgrund der Vorgeschichte des Zahnes zu einer Wurzelkanalbehandlung. Zunächst möchte sie durch ein Röntgenbild abklären, ob sich an der Wurzelspitze schon eine Entzündung gebildet hat. Dies ist nicht der Fall. Später führen Sie Herrn Kammer erneut in den Röntgenraum, um eine Röntgen-Messaufnahme anzufertigen.

LF 2, S. 24
LF 3, S. 47
LF 4, S. 60
LF 5, S. 63
LF 10b, S. 121

1. Wie können Sie das Endo-Instrument während der Aufnahme vor Verschlucken sichern?

____

____

2. Was sollten Sie bei einer Messaufnahme vor dem Auslösen des Röntgengerätes noch einmal überprüfen?

____

3. Da bei der Aufnahme der Tubus in der horizontalen Ebene senkrecht auf den Zahnbogen angesetzt wurde, ist auf dem Röntgenbild nur eine Wurzel zu sehen.
Wie nennt sich diese Einstellung?

____

4. Welche beiden Einstellungen können Sie vornehmen, um beide Zahnwurzeln auf dem Röntgenfilm abzubilden?

______	______

5. Welche Röntgenaufnahmen sollen in der Regel bei einer Wurzelkanalbehandlung angefertigt werden?

______	______
______	______

Jeweils nach der Aufnahme desinfizieren Sie den Film, nehmen Herrn Kammer die Schürze ab und begleiten ihn ins Behandlungszimmer. Anschließend gehen Sie in die Dunkelkammer, in der sich eine vollautomatische Zahnfilmverarbeitungsmaschine befindet.

6. Welche Arbeitsschritte führen Sie in der Dunkelkammer in welcher Reihenfolge aus?

____

↓

Dunkelkammerbeleuchtung anschalten, Tür schließen, Licht ausschalten

↓

____

↓

____

↓

____

7. Welchen Weg nimmt der Zahnfilm in einem Rollenautomaten? Beschreiben Sie kurz, was geschieht.

Entwicklerbad – ______________________________

____

____

Fixierbad – ______________________________

____

____

Schlusswässerung – ______________________________

Trocknung – ______________________________

8. Bei diesem Vorgang können Fehler passieren, auch wenn diese bei der Handentwicklung häufiger auftreten als bei einer vollautomatischen Maschine.
Geben Sie die Ursachen für die aufgeführten Fehler an.

Fehler	Ursachen
ovale, helle, durchsichtige Flecken	
gelbe, undurchsichtige Flecken	Luftbläschen auf der Filmoberfläche, als der Film ins Fixierbad kam
glasklare Flecken	
dunkle schwarze Flecken	
kleine schwarze Flecken	
zu dunkles (kontrastarmes) Bild	
zu helles (kontrastarmes) Bild	
Bildteile fehlen	
schwarze Streifen	
Grauschleier über dem ganzen Film	
gelb-grün-rötliche Schleierbildung	Chemikalien verbraucht

9. Welche erste Maßnahme können Sie ergreifen, um die Verdachtsdiagnose „fehlerhafte Filmverarbeitung" zu bestätigen?

↵ Thorben Kammer, LF 5, S. 65

Situation 3 Rechtwinkeltechnik, Röntgenunterweisung, Röntgenabfälle

Susanne Meier

Frau Meier kommt mit einer umschriebenen Schwellung der linken Wange in die Praxis. Schuld daran ist vermutlich der vor zwei Monaten wurzelgefüllte Zahn 35. Zunächst entschließt sich Frau Dr. Heilmann, den Zahn zu röntgen, um die Ursache für die Schwellung der Wange genau diagnostizieren zu können.

LF 2, S. 26
LF 3, S. 45
LF 5, S. 66
LF 7, S. 72
LF 8, S. 89
LF 10b, S. 124
LF 12, S. 155

1. Es soll ein Zahnfilm in Rechtwinkeltechnik angefertigt werden. Skizzieren Sie die Einstellung des Tubus. Zeichnen Sie auch den Filmhalter mit ein.

2. Auf dem Röntgennegativ zeigt sich eine dunkle Veränderung des Knochens im Bereich der Wurzelspitze. Wie bezeichnet man diese dunkle Stelle?

3. Frau Dr. Heilmann legt viel Wert darauf, dass ihre Angestellten gute Kenntnisse im Röntgen haben. Warum ist das so wichtig?

4. Frau Dr. Heilmann möchte die jährliche Röntgenunterweisung durchführen. Welche Punkte werden dort besprochen?

5. Über die Unterweisung muss ein Protokoll angefertigt werden. Wer muss das Protokoll unterschreiben?

6. Frau Dr. Heilmann erklärt Ihnen, dass sie aufgrund von Bestimmungen in der Röntgenverordnung dazu verpflichtet sind, Ihre Fachkundekenntnisse im Strahlenschutz regelmäßig nachzuweisen. In welchen Zeitintervallen muss dieser Nachweis erfolgen?

In der Röntgenunterweisung geht Frau Dr. Heilmann auch auf die im Zusammenhang mit dem Röntgen entstehenden Abfälle ein.

7. Wie müssen die Chemikalien (Entwickler- und Fixierlösung) der Filmverarbeitungsmaschine entsorgt werden?

8. Begründen Sie, warum es sich bei den Röntgenchemikalien um Sondermüll handelt.

9. Um den Zahnfilm herum befinden sich einige Schichten an Verpackung. Listen Sie diese auf und machen Sie Angaben zu ihrer Entsorgung.

Verpackungsanteil	Entsorgung

↵ Susanne Meier, LF 5, S. 66

Situation 4 **Status, Projektionslehre**

Helmut Lange

Frau Dr. Heilmann hat bei Herrn Lange eine Parodontitis diagnostiziert und möchte eine Parodontalbehandlung durchführen. Anschließend soll Herr Lange mit einem neuen Zahnersatz versorgt werden. Doch zunächst müssen alle noch stehenden Zähne geröntgt werden.

LF 2, S. 31
LF 3, S. 43
LF 5, S. 67
LF 7, S. 75
LF 8, S. 94
LF 10a, S. 103
LF 10b, S. 126
LF 12, S. 157

1. Es gibt zwei gängige Möglichkeiten, den gesamten Zahnbestand eines Patienten zu röntgen. Nennen Sie diese.

____

2. Ein Status besteht beim Erwachsenen aus mehr als acht Röntgenbildern. Skizzieren Sie die Anordnung der Bilder.

3. Welche Nachteile hat der Status gegenüber einem OPG?

3. Um die Zähne auf Röntgenfilmen möglichst verzerrungsfrei darstellen zu können, muss man sich mit den Regeln der Projektionslehre vertraut machen. Die Abbildung eines Zahnes auf dem Röntgenbild verändert sich, wenn man den Abstand zwischen Film und Zahn vergrößert bzw. verkleinert.
Zeichnen Sie in der folgenden Darstellung die Röntgenstrahlen, die den Zahn auf dem Röntgenfilm abbilden und die Abbildung des Zahnes auf dem Röntgenfilm ein.

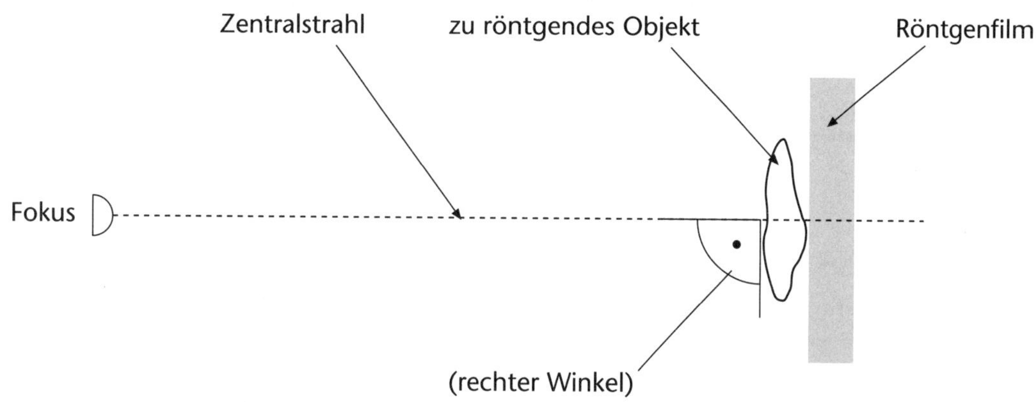

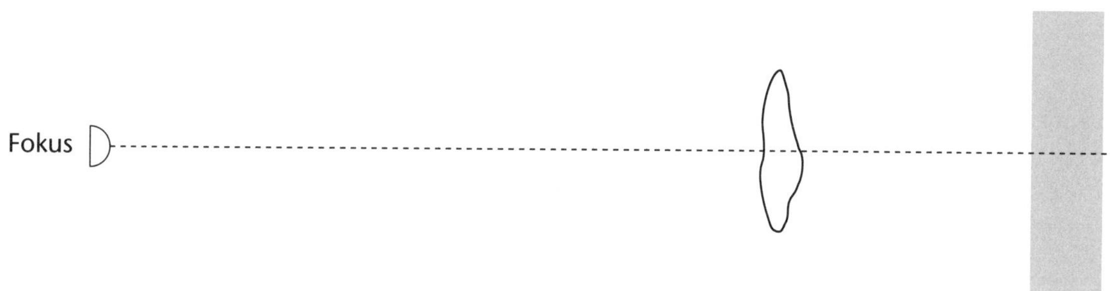

4. Wie wird der Zahn auf dem Röntgenfilm abgebildet, wenn man den Abstand zwischen Zahn und Röntgenfilm vergrößert?

---

5. Aus der Projektionslehre folgt, dass mit der Paralleltechnik die Zähne am ehesten in der Originalgröße und unverzerrt wiedergegeben werden.
Bei welchen Zähnen lässt sich die Paralleltechnik in der Regel nicht anwenden, da der Röntgenfilm nicht parallel zu der Zahnachse ausgerichtet werden kann?

---

6. Welche Röntgentechnik ließe sich bei diesen Zähnen anwenden, um dennoch eine verzerrungsfreie Darstellung zu erreichen?

---

7. Skizzieren Sie Parallel- und Rechtwinkeltechnik an dem oberen Molaren.

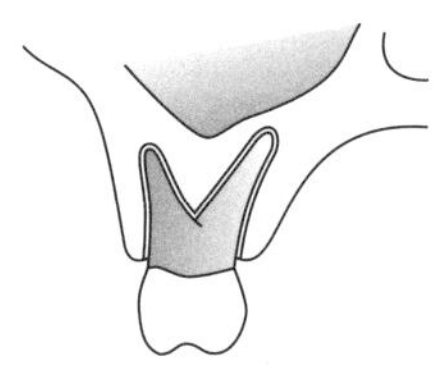

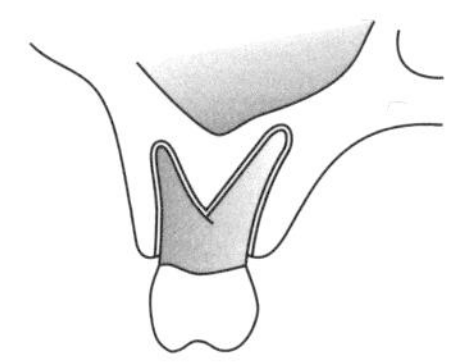

8. Bei falscher Projektion kommt es zu typischen Fehlern. Ergänzen Sie in der Tabelle die Ursachen für die vorgegebenen Fehler.

Fehler	Ursachen
Zähne zu lang	
Zähne zu kurz	
Zähne erscheinen verzerrt und unscharf	
Film nicht / nur teilweise belichtet	
Zähne übereinander projiziert	
Wurzelspitzen fehlen bei periapikaler Einstellung	
Knochenstruktur verwaschen	

Helmut Lange, LF 10a, S. 104

Situation 5 OPG, Projektionsfehler beim OPG, Konstanzprüfung

Dennis Petermann

Dennis hat bereits vier Füllungen. Außerdem besteht ein Kariesverdacht an den Zähnen 14/15. Frau Dr. Heilmann ordnet ein OPG an. Wegen der anstehenden KFO-Behandlung möchte sie eine Übersicht über das gesamte Gebiss haben.

LF 2, S. 20
LF 10b, S. 129
LF 11, S. 138
S. 146

1. Welches Wort verbirgt sich hinter dem Kürzel OPG?

O _ _ _ _ p _ _ _ _ _ _ _ g _ _ _ _

2. Im OPG sind alle Zähne eines Gebisses zu sehen, genau wie im Röntgenstatus. Welche Vorteile bietet das OPG im Gegensatz zum Röntgenstatus? Nennen Sie auch die Nachteile.

Vorteile des OPG	Nachteile des OPG
–	–
–	–
–	–

3. Durch welche Vorrichtung wird bei OPG-Aufnahmen mit konventionellen Filmen die Strahlendosis reduziert? Beschreiben Sie deren Wirkung.

Vorrichtung: ____________________

Wirkung: ____________________

4. Sie begeleiten Dennis in den Röntgenraum. An welche Dinge müssen Sie bei der Vorbereitung der Röntgenaufnahme denken?

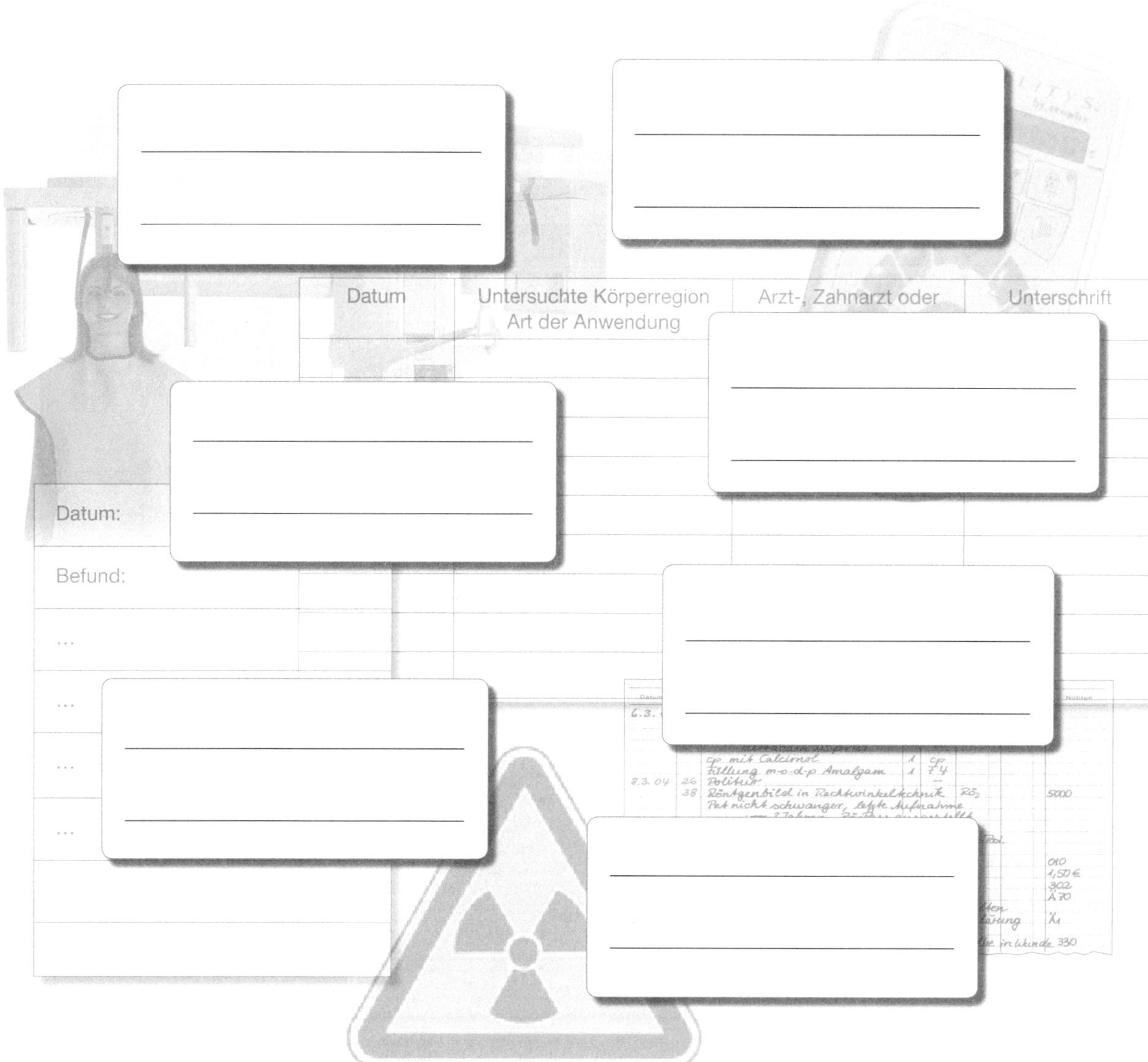

5. Frau Dr. Heilmann bittet Sie vor dem Röntgen: „Sorgen Sie dafür, dass das OPG gleich etwas wird. Dennis ist noch jung." Nennen Sie den Grund dafür, weshalb Dennis möglichst nur einmal geröntgt werden sollte.

6. Beschriften Sie die vorliegende OPG-Aufnahme.

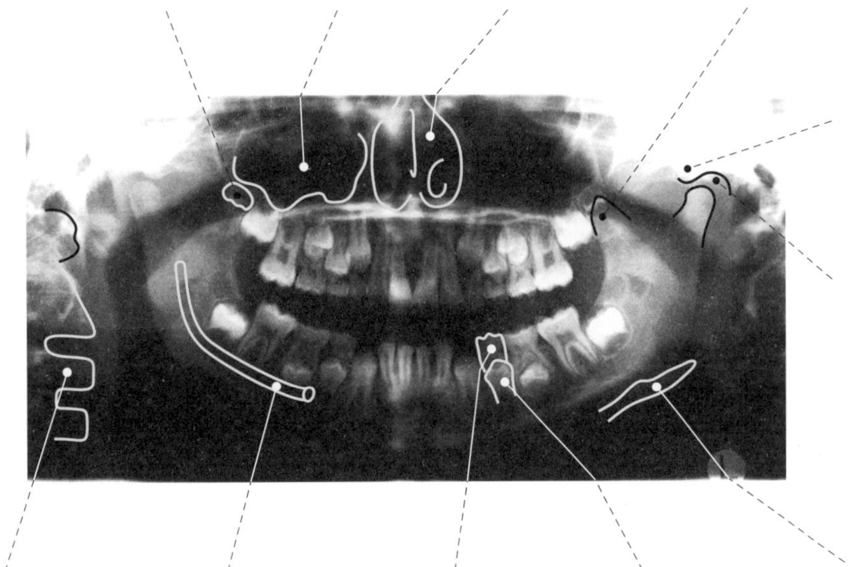

7. Damit man sicher sein kann, dass das OPG-Gerät einwandfrei funktioniert, wird regelmäßig eine Konstanzprüfung vorgenommen. Welches Hilfsmittel wird für die Prüfaufnahme benötigt?

8. Die Aufnahme der Konstanzprüfung wird mit einem anderen Bild verglichen. Wann und durch wen wurde diese Referenzaufnahme hergestellt?

Zeitpunkt:

Person:

9. Außer den Röntgenapparaten unterliegen zwei weitere Geräte einer Konstanzprüfung. Welche sind es?

10. Machen Sie sich Notizen für die Qualitätssicherungsmaßnahmen, indem Sie die Tabelle vervollständigen.

Qualitätssicherungmaßnahme	Durchführungsintervall
Abnahmeprüfung	
Inbetriebnahme, Überprüfung der Filmverarbeitung	
Überprüfung der Röntgengeräte	
Überprüfung der Dunkelkammerbeleuchtung	jährlich
Belehrung des Röntgenpersonals	
Nachweis der Fachkunde im Strahlenschutz	

11. Da OPG-Filme viel teurer als Zahnfilme sind, kann man das Durchführungsintervall für die Überprüfung eines OPG-Gerätes verlängern. Wer trifft die Entscheidung?

12. Welche Voraussetzungen müssen erfüllt sein?

13. Auf der Aufnahme sieht Frau Dr. Heilmann im Oberkiefer hinter den angelegten Weisheitszähnen jeweils einen hellen Fleck. Wie werden helle Stellen auf einem Röntgenbild mit Fachwort bezeichnet? Wie kann man diesen Begriff erklären?

Fachwort:

Erklärung:

15. Frau Dr. Heilmann konnte diese hellen Stellen als überzählige Zähne, sogenannte Distomolaren, identifizieren. Es kann aber auch durchaus zu Fehlern bei der Aufnahme und/oder der Filmverarbeitung kommen. In der Tabelle sind typische Fehler beim OPG aufgelistet. Ergänzen Sie die passenden Ursachen.

Fehler	Ursachen
Seitenzähne einer Kieferhälfte erscheinen kleiner als die der anderen Hälfte	Die Median-Sagittal-Ebene des Schädels ist (zur Seite der kleineren Zähne) verschoben.
Die Zahnreihen scheinen zusammen geschoben, Front- und Eckzähne im Ober- und Unterkiefer sind unscharf wiedergegeben; in allen Abschnitten finden sich approximale Überlagerungen	
Die Zahnreihen erscheinen auseinander gezogen, die Zähne sind vergrößert; die Wurzeln der Unterkieferfrontzähne erscheinen verkürzt	
Die Zahnreihen werden in einem nach oben offenen Bogen dargestellt; die Wurzeln der Unterkieferfrontzähne sind verkürzt wiedergegeben	
Die Zahnreihen werden als Wellenlinie oder als nach unten offener Bogen dargestellt; die Wurzeln der Oberkieferfrontzähne verschwinden im Schatten des harten Gaumens; die Wurzeln der Unterkieferfrontzähne sind verkürzt	
Die Okklusionsebene verläuft mehr oder minder stark geneigt; ein Gelenkkopf steht höher als der der Gegenseite; die Hinterkante des aufsteigenden Astes der höher stehenden Seite verläuft flach; die Achse der Frontzähne verläuft schräg	
Die Wurzeln der Oberkieferfrontzähne sind überstrahlt und nicht zu erkennen	Die Zunge hat nicht am Gaumen gelegen (dadurch hat der luftgefüllte Raum zwischen Gaumen und Zungenoberfläche einen starken negativen Kontrast verursacht).
Vertikale hell-dunkle Streifen im Bild	
Partielle Verwischungen	

↵ Dennis Petermann, LF 2, S. 21

Situation 6 Digitales Röntgen, Zahnfilm, Bildbearbeitung

Sophie Krüger

Sophie hatte auf dem Weg zur Schule einen Fahrradunfall, bei dem sie sich den Zahn 11 herausgebrochen hat. Die Sekretärin der Schule hatte in der Praxis angerufen und gefragt, wie sie sich verhalten soll. Inzwischen ist Sophie mit ihrer Mutter in der Praxis eingetroffen. Nach einer kurzen Inspektion ordnete Frau Dr. Heilmann eine Röntgenaufnahme von der Regio 11 an.

LF 2, S. 29
LF 3, S. 38
LF 8, S. 96
LF 10b, S. 134

1. Frau Dr. Heilmann hat in den vergangenen zwei Tagen die Röntgenanlage auf digitales Röntgen umrüsten lassen. Sie röntgen heute das erste Mal mit der Speicherfolie, die Sie anstelle des konventionellen Zahnfilms in den Mund einlegen. Schreiben Sie stichpunktartig den Arbeitsablauf auf.

____

↓

____

↓

Bleischutz anlegen

↓

____

↓

____

↓

Tubus einstellen, röntgen

↓

____

↓

Bleischutz abnehmen

↓

____

↓

____

2. Welche Vorteile hat das digitale Röntgen?

3. Digitale Bilder entstehen durch die Umwandlung analoger in digitale Daten. Ein digitales Bild ist ein Raster aus Bildbausteinen. Wie werden diese Bildbausteine genannt?

4. Wenn digitale Röntgenbilder über die Sensortechnik entstehen, wird die analoge Röntgenstrahlung über einen Bildsensor in eine digitale Bilddatei umgewandelt.
Welchen Vorteil hat dies Verfahren gegenüber der Speicherfolientechnik?

Sophie Krüger, LF 8, S. 96

Situation 7 Digitales Röntgen, OPG, Konstanzprüfung

Jessica Schröder

Frau Schröder kommt mit einem teilretinierten Zahn 38 in die Praxis. Da das Zahnfleisch über dem Zahn stark geschwollen und sehr schmerzhaft ist, soll zunächst eine Röntgenaufnahme angefertigt werden um die weitere Therapie festzulegen. Sie begleiten Frau Schröder zum Röntgenraum.

LF 2, S. 10
LF 8, S. 84
LF 10a, S. 98
LF 10b, S. 136

1. Welche Fragen sollten Sie zunächst an Frau Schröder stellen?

–

–

–

–

2. Welche Art von Röntgenaufnahme bietet sich zur Darstellung der Wurzel des Zahnes 38 und der Lagebeziehung zu den anderen Zähnen an? Begründen Sie Ihre Antwort.

3. Wie lange muss die Röntgenaufnahme von Frau Schröder aufbewahrt werden?

4. Welche Speichermedien unterscheidet man bei der digitalen Röntgentechnik?

5. Bei der digitalen Röntgentechnik müssen ebenso wie bei der konventionellen Technik regelmäßige Konstanzprüfungen vorgenommen werden. Welche Konstanzprüfungen fallen an?

6. Wie oft ist bei digitalen Röntgensystemen die Konstanzprüfung durchzuführen?

7. Welche Details müssen bei der Konstanzprüfung von digitalen Zahnfilmröntgengeräten beurteilt werden?

8. Was muss bei der Umstellung von konventionellem Filmmaterial auf digitale Speicherfolien durchgeführt werden?

9. Was ist bei der Archivierung von digitalen Röntgenaufnahmen besonders zu beachten?

Frau Dr. Heilmann wertet das OPG aus. Aufgrund der Position des Zahnes rät sie Frau Schröder vorerst nicht zur Zahnentfernung, sondern schlägt vor, die Schleimhautkapuze über der Kaufläche zu entfernen.

↵ **Jessica Schröder, LF 2, S. 11**

Lernfeld 11: Prophylaxemaßnahmen planen und durchführen

Situation 1 IP-Programm, QHI-Index, Zahnpflegehilfsmittel

Dennis Petermann

Bisher ist Dennis immer erst dann zum Zahnarzt gegangen, wenn er ein Loch bemerkt hat. Damit das möglichst nicht mehr vorkommt, soll er nun für die nächsten sieben Jahre an dem von der GKV finanzierten Individualprophylaxe-Programm teilnehmen. Sie erklären ihm die Inhalte des Programms.

LF 2, S. 20
LF 10b, S. 129
LF 11, S. 138
S. 146

1. Ergänzen Sie den Lückentext, in dem Sie Dennis das Individualprophylaxe-Programm erklären:

Zähne bleiben nur ______________________, wenn sie gut gepflegt werden. Das muss gelernt sein und geübt werden. Trotz guter Pflege können Zähne dennoch ______________________ werden, wenn auf sie ständig etwas einwirkt, das ihnen nicht gut tut. Um das alles zu lernen, geht man zur ______________________-prophylaxe zum Zahnarzt.

Kinder im Alter vom _____ bis zum ______________________ kommen ______________________ pro Jahr zur zahnärztlichen ______________________ (FU). Man zeigt ihnen spielerisch die Praxis und das Zähneputzen. So kommt man gern und ohne Angst zum ______________________. Vom _____ bis _____ Geburtstag geht man ______________________ jährlich zur Erstellung eines ______________________ (IP1) zum Zahnarzt. Damit kann gleich die professionelle ______________________ (IP4) der Zähne verbunden werden. Falls der Zahnarzt bei der Untersuchung feststellt, dass ein ______________________ Kariesrisiko besteht, kann auch zweimal im Kalenderhalbjahr eine lokale ______________________ erfolgen. Nach der Aufnahme des Mundhygienestatus wirst du noch über ______________________ von ______________________ und Zahnbetterkrankungen aufgeklärt und bekommst Tipps, wie du diese Krankheiten vermeiden kannst (IP2).

Das soll dich immer wieder motivieren, deine ______________ gut zu pflegen.

Demnächst wirst du hinter deinen letzten Zähnen noch neue Backenzähne bekommen, die so genannten ________ oder ______________-Molaren. Sie sollten gleich nach dem Durchbruch durch eine ______________ vor Karies geschützt werden.

2. Da Dennis schon einige Füllungen hat und eine KFO-Behandlung ansteht, sollte seine Mundhygiene wirklich sehr gut sein. Um sie genau beurteilen zu können, nimmt Frau Dr. Heilmann bei Dennis den QHI auf. Wie heißt die vollständige Bezeichnung von QHI?

Q H I
____

3. Welche Schritte erfolgen bei der Aufnahme dieses Index?

____

↓

____

↓

____

4. Beschreiben Sie mithilfe des Bildes die Bewertungsgrade des QHI.

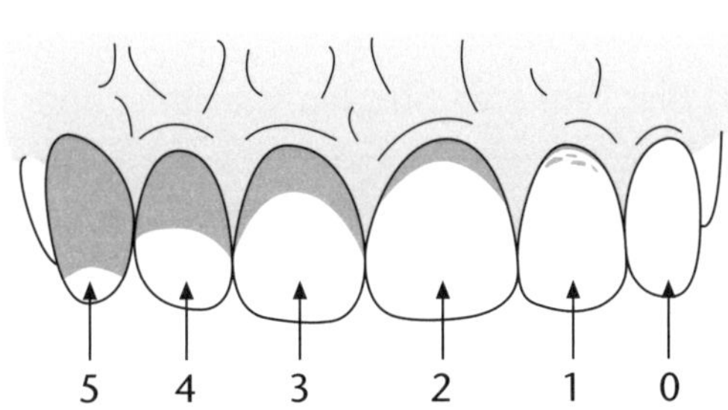

0 = ______________________________

1 = ______________________________

2 = ______________________________

3 = ______________________________

4 = ______________________________

5 = ______________________________

5. Ergänzen Sie die folgende Aussage.

Der Index errechnet sich aus der Summe der ______________ geteilt durch die Anzahl

der ______________ . Bei einem QHI ________ liegt so gut wie kein Kariesrisiko vor.

6. Wie nennt man Stoffe, mit denen sich Plaque anfärben lässt?

____

7. Welche Merkmale sollte eine Handzahnbürste aufweisen?

1 ______________________________

2 ______________________________

3 ______________________________

4 ______________________________

8. Welches sind die wichtigsten Inhaltsstoffe von Zahnpasta?

____

____

____

____

____

Dennis Petermann, LF 11, S. 149, KFO

Situation 2 Zucker, Fluorid, Indices, Zahnputztechniken

Nele Petermann

Die 8-jährige Nele weiß schon recht gut, wie Karies entsteht. Sie möchte von Ihnen wissen, ob sie gar keinen Zucker mehr essen darf, damit sie heile Zähne behält und nicht „gebohrt" werden muss. Außerdem fragt sie, ob in der Schokolade auch Zucker ist, da sie noch einen Schoko-Weihnachtsmann übrig hat, den sie unbedingt essen muss.

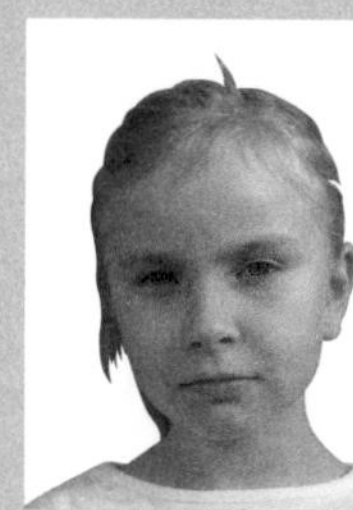

LF 2, S. 19
LF 11, S. 141

1. Wie heißt der Fachbegriff für Haushaltszucker?

___

2. Was ist „gefährlicher" für die Zähne, **viel** Zucker zu essen oder **oft** Süßes zu sich zu nehmen? Begründen Sie.

___

___

3. Sind Getränke ohne Zuckerzusatz grundsätzlich unschädlich für die Zähne? Begründen Sie.

___

___

___

4. Da auch Nele es nie ganz vermeiden kann, etwas zu essen oder zu trinken, was den Zahnschmelz demineralisiert, muss dieser „Schaden" wieder gut gemacht werden. Erklären Sie Nele die Fluoridwirkung, indem Sie den Lückentext ausfüllen.

Fluoride erhöhen die Widerstandskraft des ___ gegen die sauren Stoffwechselprodukte der Bakterien im Zahnbelag oder ___ aus der Nahrung (z. B. von Fruchtsäften, Softdrinks). Fluorid verstärkt das Kristallgitter des Zahnschmelzes und verhindert so seine Auflösung (das Fachwort dafür heißt: ___). Im Speichel vorkommende Mineralstoffe wie z. B. Kalzium, werden in Anwesenheit von Fluoriden wieder in das Kristallgitter eingebaut (das Fachwort dafür heißt: ___).

Wird der Zahnschmelz regelmäßig fluoridiert, so verstärkt sich im Verlauf des Lebens die äußere Schmelzschicht (das Fachwort dafür heißt: ______________________). Zusätzlich behindern Fluoride die Besiedlung der Zahnoberfläche durch Karies verursachende ______________________, z. B. ______________________.

5. Um Neles Zahnputzgewohnheiten gezielt verbessern zu können, wird bei ihr ein Hygieneindex erhoben. Nele hat keine harten Zahnbeläge. Die Verteilung von Plaque (durch Striche dargestellt) und Blutungen (durch Punkte dargestellt) sieht wie folgt aus:

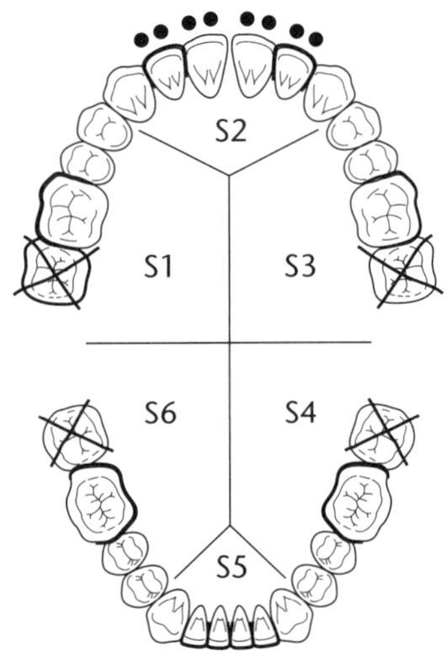

a) Wie hoch ist der API? Erklären Sie den Lösungsweg.

____

b) Wie hoch ist der PSI? Geben Sie zunächst die Zähne an, die bewertet werden.

____

6. Wie ist die Tatsache zu erklären, dass Neles Zahnfleisch auch an Stellen blutet, an denen heute keine Plaque zu finden war?

____

____

____

7. An wen sollte sich die nun anschließende Zahnpflegeberatung richten? Begründen Sie.

– an das Kind, denn ____

____

– an die Mutter, denn ____

____

8. Welche drei Komponenten machen zusammen eine perfekte Plaquekontrolle aus (d.h. bewirken, dass keine Plaque vorhanden ist)? Sie beginnen alle mit „Z".

Z Z Z

9. Sie lassen sich von Nele zeigen, mit welcher Putzsystematik sie ihre Zähne reinigt: Sie putzt zuerst die Okklusalflächen, führt danach die Bürste an die vestibulären und zum Schluss an die oralen Zahnflächen. Wie nennt man diese Methode? Wie kommt die Abkürzung zustande?

10. Diese Methode ist für kleinere Kinder sicherlich ein guter Einstieg in die Zahnputztechniken. Welche Methode könnte man Nele jetzt empfehlen?

11. Mit einer Zahnreinigung und einer lokalen Fluoridierung wird die Prophylaxesitzung bei Nele beendet. Als Applikator dient ein Gummilöffel, in den Sie aus einer großen Tube elmex®-Gelée einfüllen und ihn anschließend für 5 min im Mund von Nele belassen. Während dieser Zeit erklären Sie Nele und ihrer Mutter, wie das Gel zuhause angewandt werden soll. Schreiben Sie einen kleinen Informationszettel.

Infozettel elmex®-Gelée

12. Geben Sie an, wie viel Gramm Inhalt die elmex®-Gelée -Tuben mit den folgenden Bezeichnungen haben.

N1: N2: N3:

Sie begleiten Nele an die Rezeption und geben ihr einen Termin zur Mundhygienekontrolle.

Nele Petermann, Ende des Behandlungsfalls

Situation 3 Fissurenversiegelung

Tina Petermann

Frau Dr. Heilmann untersucht Tina und stellt dabei fest, dass sich Zahn 36 im Durchbruch befindet, wobei die Okklusalfläche noch teilweise von Schleimhaut überdeckt ist. Zahn 46 ist schon fast vollständig da. Die Molaren haben ein tiefes Fissurenrelief, sodass Versiegelungen indiziert sind. Diese ist allerdings bei 36 noch nicht möglich.

LF 2, S. 17
LF 4, S. 58
LF 11, S. 144

1. Was kann man präventiv in der Praxis tun, damit der Zahn 36 nicht bereits in der Durchbruchsphase Karies bekommt?

2. Was raten Sie Tina und ihrer Mutter als Maßnahmen für zu Hause?

3. Heute soll bei Tina die Versiegelung des Zahnes 46 erfolgen.
Was müssen Sie dafür vorbereiten?

Instrumentarium:

Material:

4. Nun möchte Tina natürlich wissen, wozu all diese Sachen gebraucht werden und was genau mit ihr geschehen wird. Erklären Sie die Vorgehensweise bei der noninvasiven Fissurenversiegelung.

- der **Versiegelungskunststoff** wird **ausgesucht**

5. Tina hat gut mitgearbeitet. Bei der Verabschiedung schenken Sie ihr noch eine Kleinigkeit aus dem begehrten „Kinderkörbchen". Welchen Sinn haben solche Geschenke?

Tina Petermann, Ende des Behandlungsfalls

Situation 4 Kieferorthopädie

Dennis Petermann

Dennis stört es, dass zwischen seinen Frontzähnen eine Lücke bleibt, wenn er zusammenbeißt. Deswegen möchte er eine „Spange“ haben. Zur Diagnose hat er sich bereits einem OPG unterzogen.

Frau Dr. Heilmann diagnostiziert eine kieferorthopädische Anomalie der Angle-Klasse II/1.

LF 2, S. 20
LF 10b, S. 129
LF 11, S. 138
S. 146

1. Welche Bisslage wird den vier Angle-Klassen zugeordnet?

Klasse I

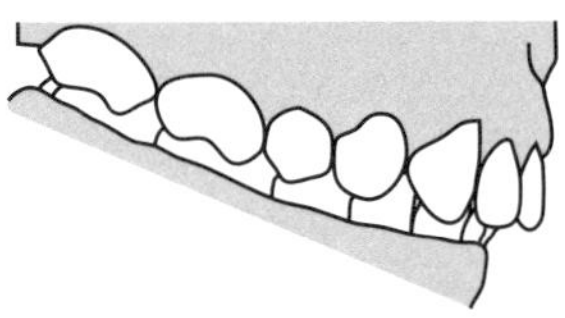

____

Klasse II/1

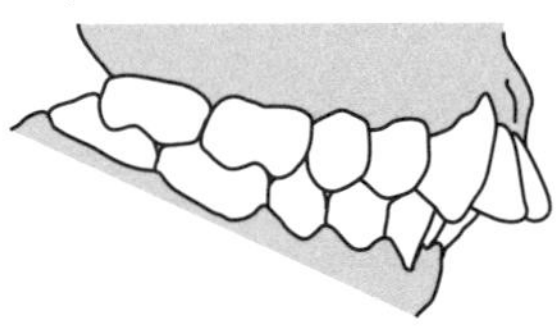

____

Klasse II/2

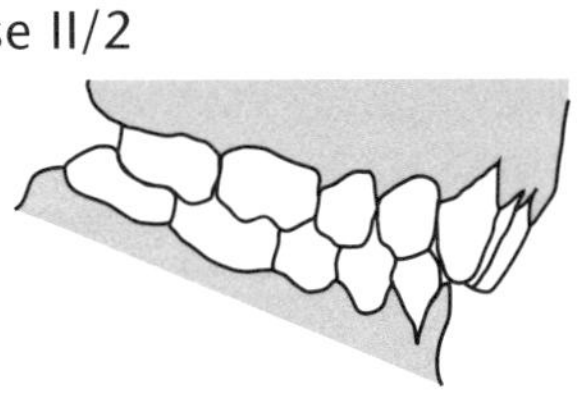

____

Klasse III

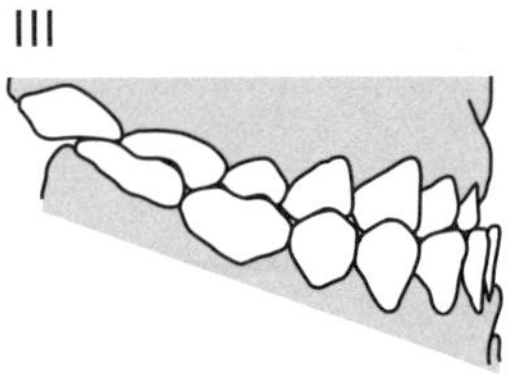

____

2. Frau Dr. Heilmann erklärt Frau Petermann, dass Dennis zunächst mit aktiven Platten und später mit funktionskieferorthopädischen Geräten behandelt werden soll. Beschreiben Sie kurz die Geräte und ihre Wirkung.

Aktive Platte: ______________________________

____

FKO-Gerät: ______________________________

Um einen genauen Behandlungsplan erstellen zu können, müssen Abformungen beider Kiefer genommen und ggf. spezielle Röntgenbilder für die kieferorthopädische Diagnostik erstellt werden. Auch Fotos des Gesichts von vorne und von der Seite sind eventuell erforderlich.

3. Erklären Sie, wozu die diagnostischen Unterlagen jeweils dienen. Ergänzen Sie die Tabelle.

Modelle	Die Modellauswertung zeigt a) in den Einzelkiefern: ______ ______, b) in der Beziehung der Kiefer zueinander: ______
FRS (Fernröntgen-seitenbild)	Durch Strecken- und Winkelmessung werden a) die Richtung des ______ und b) die ______ und ______ beider Kiefer in Bezug auf die Schädelbasis festgestellt
Handröntgenaufnahme	Der Fortschritt der Verknöcherung der Handgelenk- und Fingerknochen gibt Auskunft darüber, wie viel ______ überhaupt noch zu erwarten ist
Fotostatus	Fotos in Frontal- und Profilansicht zeigen den Einfluss der Kieferposition auf ______ ______, können aber auch Störeinflüsse der ______ aufzeigen.

4. Frau Dr. Heilmann glaubt, dass bei guter Mitarbeit ein optimales Ergebnis bezüglich der Verzahnung für Dennis möglich ist. Lediglich die Steilstellung der OK 1er gilt als besonders rezidivgefährdet. Was bedeutet der Begriff „rezidiv“?

______

5. Für die Endausformung der Zahnreihen können bei Dennis auch festsitzende kieferorthopädische Behandlungsgeräte erforderlich werden. Welche Elemente unterscheidet man bei der festsitzenden kieferorthopädischen Apparatur?

– –

– –

– –

6. Was sind die Vorteile von Bändern und die von Klebebrackets?

Bänder	Brackets

7. Läßt sich Dennis' Distalbiss nicht vollständig durch eine Vorverlagerung des Unterkiefers ausgleichen, kann zusätzlich eine Rückverlagerung (Distalbewegung) der OK-Seitenzähne erforderlich werden. Der für eine Zahnbewegung erforderliche Druck (erzeugt durch Schrauben- oder Federkraft) benötigt immer ein Widerlager. Wie heißt der Fachausdruck für dieses Widerlager?

8. Um die kräftigen OK-Molaren nach hinten zu schieben, reicht das Widerlager, das die einwurzeligen OK-Frontzähne und die Prämolaren bilden, erfahrungsgemäß nicht aus. Welches Gerät schafft eine zusätzliche – extraorale – Verankerung?

Frau Dr. Heilmann bespricht mit Frau Petermann das weitere Vorgehen. Eine kieferorthopädische Behandlung kann nur erfolgreich sein, wenn über eine lange Dauer von oft drei Jahren konsequent alle Geräte nach Anweisung getragen und die Termine eingehalten werden. Die Mitarbeitsbereitschaft des Kindes muss also ebenso sicher sein wie die konsequente Unterstützung der Eltern.

9. Welche Gefahr ist insbesondere während festsitzender Behandlung erhöht und macht welche Gegenmaßnahmen erforderlich?

Gefahr:

Erforderliche Gegenmaßnahmen:

10. Wenn die Mundhygiene des Kindes während der kieferorthopädischen Behandlung dauerhaft unzureichend ist, gibt es zwei Möglichkeiten, damit umzugehen. Nennen Sie diese.

–

–

11. Frau Dr. Heilmann sagt eine aktive Behandlungsphase von 2 ½ Jahren voraus, bis das erwünschte Ergebnis erreicht ist. Was bedeutet hier der Begriff „aktiv"?

12. Erklären Sie Dennis, was nach dieser aktiven Phase noch auf ihn zu kommt.

13. Welche zwei prinzipiellen Arten von Retentionsgeräten unterscheidet man?

Nach der ausführlichen Besprechung sollen Dennis und seine Eltern noch einmal Zeit zum Nachdenken bekommen, um eine bewusste Entscheidung für oder gegen die kieferorthopädische Therapie treffen zu können.

Dennis Petermann, Ende des Behandlungsfalls

Lernfeld 12: Prothetische Behandlungen begleiten

Situation 1 Festsitzender Zahnersatz, Abformmaterialien

Peter König

Bei Herrn König wurde vor zwei Monaten der zerstörte 16 mittels Osteotomie entfernt.
Die entstandene Lücke soll mit einer Brücke von 17 auf 15 versorgt werden. 17 hat eine intakte okklusale Amalgamfüllung, 15 ist füllungs- und kariesfrei. Frau Dr. Heilmann hatte zuvor mit ihm ein Beratungsgespräch geführt.

LF 2, S. 6
LF 3, S. 41
LF 4, S. 49
LF 7, S. 69
LF 8, S. 85
LF 10b, S. 116
LF 12, S. 150

1. Herr König ist wegen seiner Herzerkrankung Frührentner. Was könnte der Grund dafür sein, dass er sich nach dem Beratungsgespräch nicht für ein Implantat entschieden hat?

____

____

2. Herr König hat von Frau Dr. Heilmann gehört, dass er eine dreigliedrige, einspannige Brücke mit Schwebeglied nach Kassenrichtlinien bekommen soll. Darunter kann er sich nicht viel vorstellen. Erklären Sie ihm die einzelnen Begriffe.

einspannige Brücken:

____

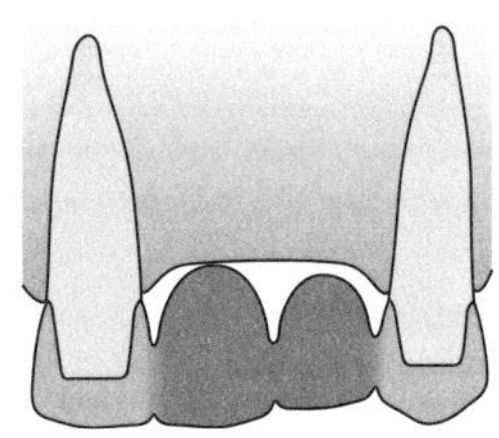

zweispannige Brücken:

____

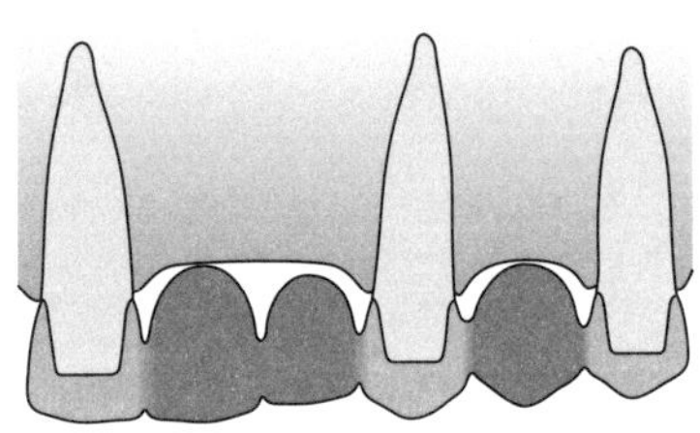

mehrgliedrige Brücken:

____

____

Freiendbrücke:

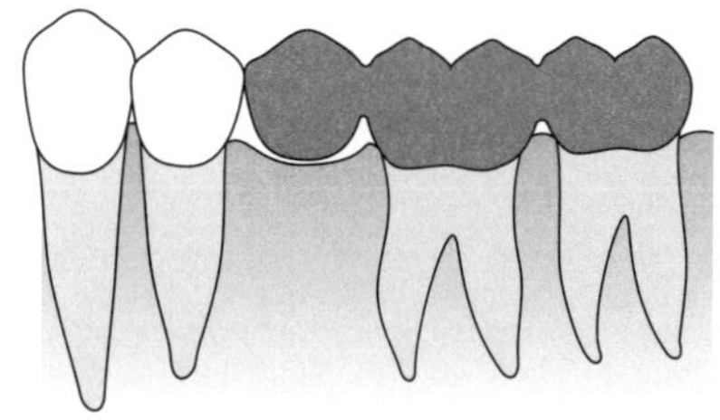

____

____

Schwebebrücke:

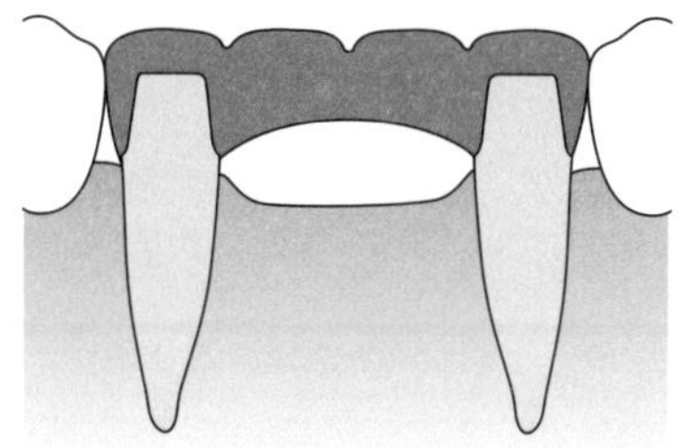

____

____

Tangentialbrücke:

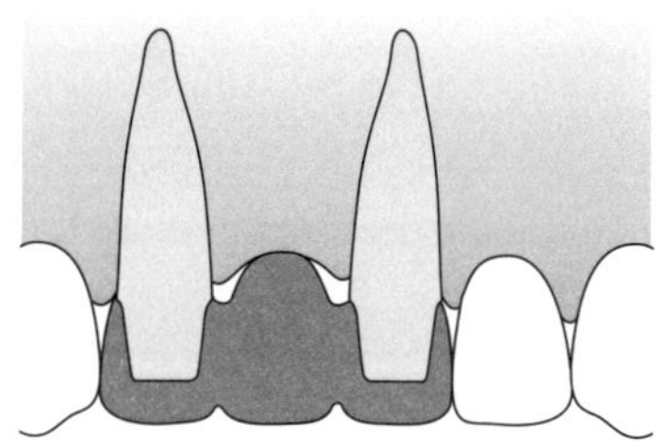

____

____

____

3. Ergänzen Sie den folgenden Lückentext.
Die Richtlinien für Zahnersatz („Kassenrichtlinien") sind eine Hilfe bei der Planung, damit man dem GKV-versicherten Patienten eine möglichst günstige Lösung anbieten kann.

Da nicht mehr als ____________________ Zähne in dem OK von Herrn König fehlen, wird eine ____________________ bezuschusst. Gemäß der Verblendrichtlinie kann ________ vestibulär verblendet werden, ____________________ aber nicht. Als Verblendmaterial bietet sich ____________________ an; dieses Material ist gut verträglich, also ____________________ und verfärbt sich nicht. Eine Verblendung aus ____________________ ist zwar preisgünstiger, hat aber erhebliche Nachteile: ______________________________. Eine ____________________ der Krone auf 15 ist zwar keine Kassenleistung, würde aber durch Einsparen von ____________________ gar nicht erheblich teurer werden. Eine Gestaltung des Brückengliedes als ____________________ kann auch zu erheblicher Einsparung führen. Ein Schwebeglied hat außerdem den Vorteil, dass man darunter besser ____________________ kann.

4. Sie bereiten das Tray für die Präparationssitzung vor. Listen Sie die dafür benötigten Instrumente und Materialien auf.

5. Von beiden Kiefern wird zunächst eine Abformung aus Alginat genommen. Wie nennt man diese Abformung?

6. Machen Sie sich Notizen zum Abformmaterial Alginat.

Alginat

Definition:

Zusammensetzung:

Eigenschaften:

Anwendung:

7. Wozu können die folgenden beiden Abformungen von Herrn König verwendet werden?

OK-Abformung:

UK-Abformung:

8. Nachdem Herr König sagt, dass die Anästhesie wirkt, soll die Amalgamfüllung aus Zahn 17 entfernt werden. Herr König möchte wissen, weshalb das sein muss, die Füllung wäre doch noch intakt. Begründen Sie ihm dieses Vorgehen.

9. Die Füllung wird aus Zahn 17 entfernt und durch eine Aufbaufüllung aus Zement ersetzt. Danach werden die Zähne 17 und 15 präpariert. Grundsätzlich gibt es bei einer Krone drei Präparationsarten. Ergänzen Sie die folgende Übersicht.

Darstellung	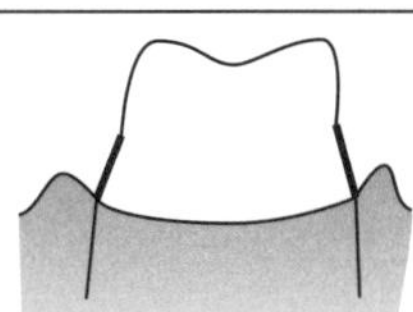	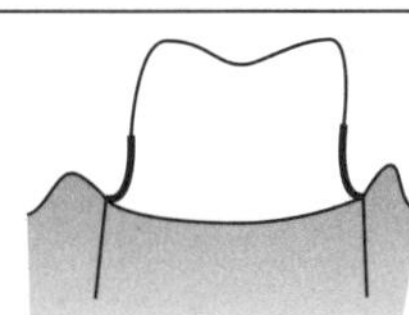	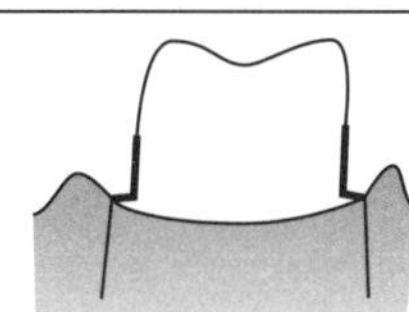
Präparationsart			
Indikation	Vollgusskronen		
benötigtes Instrument			zylinderförmiger Diamantschleifer
Vorteile		+ Standard-Präparationsart + ausreichend schonende Zahnsubstanzabtragung + wenig Belastung des angrenzenden Zahnfleisches	

10. Welche Präparationsarten sind bei Herrn König möglich?

An 15:

An 17:

11. Die Abformung der präparierten Zähne soll mittels einer Korrekturabformung erfolgen. Welche Abformmaterialien kommen dafür in Frage?

12. Zum Abschluss der Behandlungssitzung bekommt Herr König noch eine provisorische Brücke. Weshalb ist eine solche Versorgung notwendig?

13. Sie entlassen Herrn König mit dem Termin für die Eingliederung der endgültigen Brücke. Schreiben Sie auf, was Sie auf dem Laborzettel angeben sollten.

Herrn König wird die fertige Brücke einzementiert. Er wird über den Umgang mit seinem Zahnersatz aufgeklärt und bekommt einen Kontrolltermin.

Peter König, Ende des Behandlungsfalls

Situation 2 Reparatur von festsitzendem Zahnersatz

Susanne Meier

Bei Frau Meier musste wegen der Wurzelkanalbehandlung die voll verblendete Krone 35 von okklusal durchbohrt werden. Die Wurzelkanalbehandlung ist abgeschlossen.

Zu allem Überfluss ist ihr von der Brücke 11 auf 13, die nach der Zirkonoxid-Technik hergestellt wurde, ein Stück des Zwischengliedes abgebrochen.

LF 2, S. 26
LF 3, S. 45
LF 5, S. 66
LF 7, S. 72
LF 8, S. 89
LF 10b, S. 124
LF 12, S. 155

1. Was versteht man unter der Zirkonoxid-Technik? Begründen Sie, weshalb diese bei Frau Meier zum Einsatz gekommen ist.

2. Schlagen Sie vor, wie die Krone 35 bzw. die Brücke 11-13 repariert werden könnten.

Krone:

Brücke:

3. Frau Dr. Heilmann schlägt Frau Meier vor, die Brücke entfernen zu lassen, um diese dann zerstörungsfrei erfolgreich im Labor reparieren zu lassen. Beschreiben Sie die Möglichkeit, eine Brücke mit dem Corona-flex zu entfernen.

4. Welche anderen Möglichkeiten zur Kronenentfernung gibt es?

______________________ ______________________

____

5. Da Frau Meier nicht drei Tage ohne Versorgung der Frontzähne bleiben möchte, sollen Sie eine provisorische Brücke anfertigen. Zählen Sie die erforderlichen Arbeitsschritte auf.

Vor Abnahme der beschädigten Brücke: ______________________

____

↓

____

↓

Material aushärten lassen, Abformung entnehmen

↓

____

____

↓

____

____

Dann vereinbaren Sie mit Frau Meier einen Termin für das Wiedereinsetzen der reparierten Brücke.

Susanne Meier, Ende des Behandlungsfalls

Situation 3 Totaler Zahnersatz, kombinierter Zahnersatz

Helmut Lange

Nach Extraktion der Zähne 44 und 47 sowie erfolgreicher PA-Behandlung der übrigen Zähne im Unterkiefer wünscht Herr Lange eine neue Zahnersatz-Versorgung. Der Oberkiefer wird mit einem neuen totalen Zahnersatz versorgt, der Unterkiefer erhält einen Modellguss mit Überkronung der Eckzähne und einem Steg in der Front. Außerdem werden Halteelemente auf 34, 35 und 37 angebracht.

LF 2, S. 31
LF 3, S. 43
LF 5, S. 67
LF 7, S. 75
LF 8, S. 94
LF 10a, S. 103
LF 10b, S. 126
LF 12, S. 157

1. Mit welchen Sitzungen muss Herr Lange bei der Neuanfertigung einer oberen Totalprothese rechnen?

1. Sitzung: ______

↓

2. Sitzung: ______

↓

3. Sitzung: Relationsbestimmung

↓

4. Sitzung: ______

↓

5. Sitzung: ______

↓

6. Sitzung: ______

2. Nennen Sie zwei Möglichkeiten, mit denen sich die Relationsbestimmung der 3. Sitzung durchführen lässt.

______ ______

3. Wodurch haftet die obere Totalprothese bei Herrn Lange?

______

______

______

4. Bezüglich des Unterkiefers erläutert Frau Dr. Heilmann Herrn Lange, dass es verschiedene Möglichkeiten der Befestigung eines partiellen Zahnersatzes an den Zähnen gibt. Nennen Sie einige.

________	________

________	________	________

________	________

Herr Lange hat von Bekannten schon über den guten Sitz von Prothesen mit Teleskopkronen gehört. Er lässt sich daher von Frau Dr. Heilmann beraten.

5. Vervollständigen Sie den Lückentext.

Eine Teleskopkrone besteht streng genommen aus ____________ Kronen: dem ____________ und dem Sekundärteleskop. Beide werden im zahntechnischen Labor so passgenau gefertigt, dass der herausnehmbare Zahnersatz mit dem ____________teleskop relativ fest auf dem ____________teleskop sitzt, das auf dem ____________ zementiert wurde.

Bei einem Restzahnbestand von ____________ stehenden Zähnen ist es möglich, eine teleskopverankerte Prothese als ____________versorgung für einen gesetzlich versicherten Patienten anzufertigen. Man nennt eine solche „teleskopierende Totalprothese" auch eine ____________. Da bei Herrn Lange die Zähne 37, 35, 34, 33 und 43 noch stehen, rät Frau Dr. Heilmann zu einem stegverankerten Zahnersatz mit Überkronung der Eckzähne. Einen Zahnersatz mit festsitzenden und herausnehmbaren Anteilen nennt man ____________ Zahnersatz.

6. Der Unterkiefer-Zahnersatz soll parallel zur Versorgung des Oberkiefers angefertigt werden. Tragen Sie ein, was in den einzelnen Sitzungen zur Herstellung des Unterkiefer-Zahnersatzes geschehen muss.

1. Sitzung: ___

↓

2. Sitzung: ___

↓

3. Sitzung: Relationsbestimmung

↓

4. Sitzung: ___

↓

5. Sitzung: ___

↓

6. Sitzung: ___

7. Vergleichen Sie eine „individuelle Abformung" und eine „Funktionsabformung"?

___

8. In welcher Sitzung sollte die Zahnfarbe bestimmt werden? Begründen Sie.

___

9. Für jede Sitzung muss ein Laborauftrag ausgeschrieben werden. Notieren Sie die jeweils nötigen Angaben (außer Datum und Uhrzeit).

Zur 2. Sitzung:

Zur 3. Sitzung:

Zur 4. Sitzung:

Zur 5. Sitzung:

10. Welche Instrumente und Materialien müssen Sie vorbereiten, um die Teleskoparbeit von Herrn Lange einzusetzen?

Herr Lange verabschiedet sich nach weiteren Kontrollsitzungen vom Praxisteam bis zur nächsten Untersuchung in sechs Monaten.

Helmut Lange, LF 3, S. 43

Situation 4 Wiederherstellungsmaßnahmen beim herausnehmbaren Zahnersatz

Erika Lange

LF 2, S. 32
LF 7, S. 78
LF 10a, S. 100
LF 12, S. 161

Frau Dr. Heilmann hat mehrfach den Zahnersatz im Unterkiefer von Frau Lange kontrolliert und die Druckstellen behandelt. Heute hat Frau Lange einen Termin zur Unterfütterung. Sie kommt ganz aufgelöst in die Praxis. Zu Hause wollte sie eben noch den Zahnersatz besonders gut putzen. Dabei ist ihr der Ersatz vom Oberkiefer aus der Hand gerutscht und auf den gefliesten Badezimmerfußboden gefallen. Dabei ist eine Klammer abgebrochen und ein Sprung in einem Sattel des Zahnersatzes entstanden.

1. Der Zahnersatz für den Unterkiefer soll eine vollständige Unterfütterung im indirekten Verfahren erhalten. Schildern Sie stichwortartig das Vorgehen.

↓

↓

↓

2. Was versteht man unter einer direkten Unterfütterung?

3. Warum ist dieses Verfahren bei Frau Lange nicht indiziert?

4. Nennen Sie weitere Möglichkeiten von Unterfütterungen.

Auch die Reparatur des Oberkieferzahnersatzes ist eine so genannte Wiederherstellungs-Maßnahme. Da Frau Dr. Heilmann den Klammerarm nicht mehr in seiner ursprünglichen Position fixieren kann, setzt sie den Zahnersatz in den Mund und nimmt darüber eine Abformung mit Alginat. Die Klammer muss erneuert werden.

5. Beschriften Sie den Aufbau einer Klammer und erläutern Sie die Funktion der einzelnen Bestandteile.

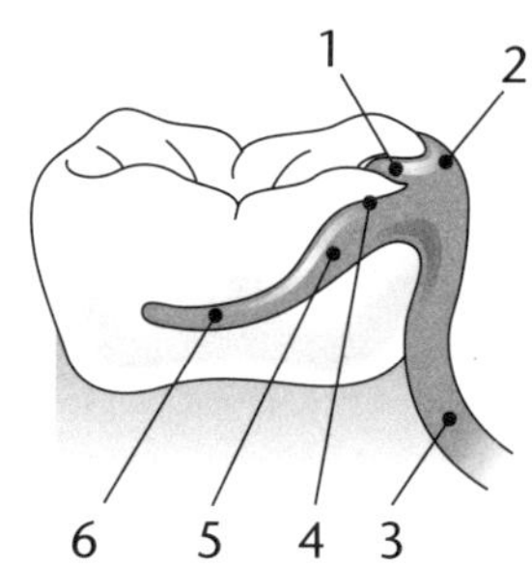

1 =

2 =

3 =

4 =

5 =

6 =

6. Beschriften Sie die Elemente des herausnehmbaren Zahnersatzes.

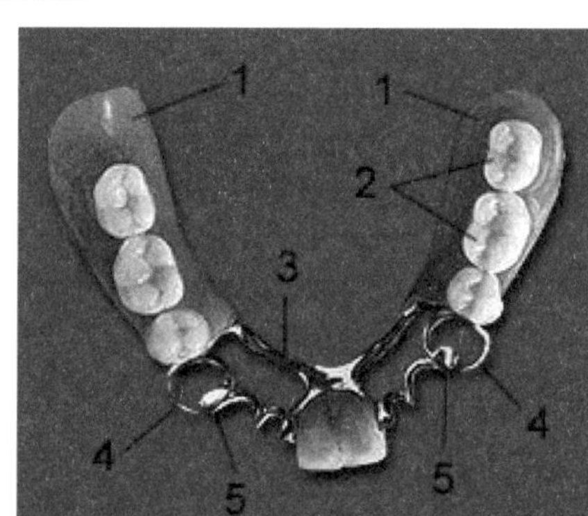

1 =

2 =

3 =

4 =

5 =